나의 인생을 리딩하라

삶에서 필요한 것들

나의 인생을 리딩하라

삶에서 필요한 것들

권영화 지음

L\NN
도서출판 린

차례

누구나 세상에 태어나 한 번의 인생을 살게 된다. 그리고 대부분의 사람들은 후회없는 삶을 살기를 원한다. 하지만 후회없는 삶을 사는 건 쉽지 않은 일이다. 나 역시 후회가 많은 삶을 살고 있지만 50년 넘은 인생을 살아오면서 느끼고, 경험하고, 학습한 것을 위주로 이야기해보고자 한다.

사람은 누구나 귀하고 하나뿐인 존재다. 따라서 인생을 보다 가치 있고 충실하게 살아가야 할 것이다. 아무쪼록 이 글이 독자들에게 보다 유용한 내용이면 좋겠다.

먼저, 이 책의 구성에 대해 간단히 짚어보겠다. 본문은 우리 인생에 반드시 필요한 다음 열 가지 요소들로 내용을 구성해 보았다.

첫번째 주제는 일에 대한 얘기다. 사람은 누구나 일을 하고 산다. 일을 하는 이유는 사람마다 다르고 하는 일도 매우 다양

하다. 누구에게는 일이 재미있을 수 있고 누구에게는 지루할 수
도 있지만, 누구나 자기가 하는 일에 대부분의 시간을 쓰게 된다.
사람마다 일에 대해 느끼는 것이 다르다면 일에 대한 성과에서도
차이가 날 뿐만 아니라 인생에서도 차이가 날 수 있다. 첫번째 주
제는 일에 대해서 다양한 생각들을 정리해 보았다.

두번째 주제는 공부다. 공부는 학창시절에 누구나 하던 것이
다. 그러나 어른이 되었다고 해서 공부가 끝난 것은 아니다. 여기
서 말하는 공부는 국어, 영어, 수학 공부뿐만 아니라 삶에서 배
우게 되는 것들을 말한다. 어떤 일이든 학습을 통해 배우게 되고
이런 학습 과정은 살아가는 동안 끝없이 이어진다. 세상에 모든
것을 완벽하게 알고 있는 사람은 없다. 끊임없이 공부해서 조금씩
알게 된다. 이런저런 것을 배움으로써 새로운 사실을 알게 되고
잘못된 것을 깨우치게 된다. 이런 과정을 통해 인간은 성장하게
된다. 따라서 두번째 주제를 공부로 정했다.

세번째는 돈에 대해서다. 돈은 자본주의 사회에서 누구나 필
요한 것이다. 자본주의 사회는 돈이 없으면 제대로 기능하지 못한
다. 거의 대부분은 돈으로 가치가 결정된다. 나아가 우리가 겪고
있는 문제는 대부분 돈으로 해결이 가능하다. 그만큼 돈의 위력

은 대단하다고 할 수 있다. 물론 돈을 무조건 추종할 수는 없지만 돈이 없으면 생활하기조차 힘든 것이 현실이므로 누구나 어느 정도 이상의 돈은 반드시 필요하다. 물론 돈이 필요하다고 해서 옳지 않은 방법으로 돈을 벌려 해서는 안 된다. 자신이 노력한 대가만큼 받는 돈이야말로 가치가 있는 것이다. 따라서 인생에서 반드시 필요한 돈에 대해 얘기해 보도록 한다.

네번째는 인간관계다. 현대사회를 살아가는 대부분의 사람들은 남과 부대끼며 살 수 밖에 없다. 사람들 속에서 어떤 식으로 관계를 맺는가는 인생의 행복을 결정할 정도로 중요한 일이다. 그런데 최근 젊은 사람들은 인간관계를 힘들게 느끼는 듯하다. 왜냐하면 사람들과의 직접적인 대화보다 주로 스마트폰이나 SNS를 통해 관계를 맺다 보니 피상적인 관계에 머물게 되고 사람들끼리의 대화도 부족해서 갈등관리도 쉽지 않기 때문이다. 따라서 이런 인간관계에 대한 주제로 얘기를 해보고자 한다.

다섯번째는 인테그리티다. 인테그리티는 여러 가지 의미를 담고 있는 단어로 성실, 정직, 신뢰, 도덕과 책임 등을 나타낸다. 우리가 이런 태도를 가지고 있다면 사회는 조금 더 나은 방향으로 발전하게 될 것이다. 이런 태도가 옳다는 것은 모두가 알고 있지만 이런 태도를 갖기는 쉽지 않다. 필자는 이런 태도를 갖춤으로써 제대로 된 인격을 갖출 수 있다고 믿는다. 따라서 인테그리티를 다섯번째 주제로 삼게 되었다.

여섯번째는 가치다. 가치는 여러 부분에 적용될 수 있다. 어떤 것이든 자신이 생각하기에 따라 가치가 있을 수 있다. 사람은 자신이 가치를 두는 방향으로 인생을 살아가게 된다. 비록 남들에게는 하찮아 보이더라도 나에게는 큰 가치가 있을 수도 있다. 이런 가치를 다양한 각도에서 조명해보기 위해 가치를 여섯번째 주제로 정하게 되었다.

일곱번째는 경험이다. 누구나 나이를 먹어감에 따라 다양한 경험을 쌓게 된다. 살면서 좋은 경험을 많이 쌓을수록 인생을 보다 풍요롭게 가꿀 수 있고, 성장과 발전을 이룰 수 있다. 또한 다양한 경험을 통해 세상을 보는 안목을 기를 수 있으며 이런 경험은 인생의 지혜로 발전할 수 있다. 따라서 경험을 일곱번째 주제로 삼게 되었다.

여덟번째는 성장이다. 모든 생물은 성장하게 되어 있다. 성장하지 않는 생물은 살아있다고 할 수 없다. 인간도 마찬가지다. 성장하지 않으면 그 자리에 머무는 것이 아니라 도태되는 것이다. 주위 사람들은 발전적인 방향으로 나아가고 있는데 자신만 그대로라면 자기 자신을 한번 돌아봐야 할 필요가 있다. 어제보다 나은 오늘, 오늘보다 나은 내일을 살기 위해서는 성장할 필요가 있다. 이와 같이 성장은 인생에서 매우 중요한 부분이기 때문에 여덟번째 주제로 삼게 되었다.

아홉번째는 시간이다. 돈은 누구나 어떤 식으로든 벌 수 있지만 시간은 돈으로도 살 수 없다. 그만큼 시간은 소중한 자원이다. 매 시간을 충실하게 보내는 사람들의 인생 결과는 일반 사람들과 크게 다르다. 그런 사람들은 인생을 가치 있고 의미 있게 보낸다. 따라서 시간을 아홉번째 주제로 삼게 되었다.

마지막 열번째는 취미다. 최근 여가시간의 증가로 인해 더욱이 많은 사람들이 취미활동에서 인생의 즐거움을 누리려고 한다. 그리고 이제는 자신의 취미를 즐기는 것에 머무르지 않고 취미를 통해 직업으로 연결시키려는 사람들도 늘고 있다. 그만큼 이제는 취미가 단지 여가 시간을 보내는 활동이 아니라 인생에서 의미와 가치를 찾는 시간이 되고 있다. 따라서 취미를 마지막 주제로 삼게 되었다.

아무쪼록 독자 여러분이 이 책을 통해 스스로의 인생에 대해 되짚어 볼 기회를 가졌으면 좋겠다. 나아가 더욱 발전적인 방향으로 인생을 설계할 수 있다면 필자로서 매우 기쁠 것이다.

PART 1

일

일은
인생에서 반드시
필요하다

　　인간은 일을 통해서 생계를 유지할 수 있을 뿐만
아니라 일을 통해 자아실현을 할 수 있다. 일이 인생에서 없어
지게 된다면 삶은 매우 무료해지거나 삶의 의미를 찾기 어려울
수 있다. 특히 우리는 대부분의 시간을 직장에서 보낸다. 만약
일을 하는 것이 즐겁지 않다면 인생에서 행복도 느끼기 어려
울 것이다. 따라서 자신의 일은 신중하게 선택할 필요가 있다.
만약 자신이 좋아하면서 잘하는 일을 할 수 있다면 최선의 선
택이 될 것이다. 그런 일을 찾기 위해서라도 다양한 경험이 필
요하다. 새로운 많은 일들을 경험해봐야만 그런 일을 찾을 수
있다. 그리고 일을 하면서도 그 일에 대한 가치를 느낄 수 있어
야만 한다. 가치를 느끼지 못하는 일이라면 그 일에서 진정한

의미를 찾을 수 없기 때문이다. 또한 자신의 일에 의미를 부여하는 것도 중요하다. 자신의 일이 아무리 하찮은 일이라 하더라도 그 일에 의미를 부여할 수 있다면 그 일은 대단히 큰 일이 될 수도 있다. 만약 어차피 해야만 하는 일이라면 그 일을 즐겁게 하는 것도 중요하다.

다가올 4차산업이 발전됨에 따라 세상에 더 이상 안정적인 직업은 존재하지 않는다. 특히 긱경제Gig Economy의 발전에 따라 프리랜서 방식의 일들이 보다 보편화될 것으로 전망된다. 이 뿐만 아니라 앞으로 인공지능Artificial Intelligence에 의해 많은 직업들이 대체될 수 있어서 이에 대응하기 위해 공감능력과 창조적 상상력을 갖출 수 있도록 노력해야만 한다.

일을 한다는 것은 무엇일까? 세상에는 정말 많은 일들이 있다. 그중에서 한 가지 일만을 선택해서 한다는 것은 쉽지 않다. 그러나 무엇보다 중요한 것은 그 일을 왜 하느냐일 것이다. 물론 어떤 일이든 일을 해야 생계를 유지할 수 있다는 측면을 무시하지 못한다. 그러나 단순히 생계만을 위해 일을 하고 있다면 그 일이 보람차거나 재미있지 않을 것이다. 그렇게 되면 인생이 과연 행복해질 수 있을까? 아마도 쉽지 않을 것이다.

물론 일을 하다 보면 나름 일을 하는 목적을 찾을 수도 있을 것이다. 우리가 현재의 위치에서 맡은 일을 성실하게 수행할 수 있을 때 사회도 원활하게 돌아갈 수 있다. 우리 모두가 자신이 하는 일을 대충 처리한다면 사회 곳곳에서 여러 문제가 생길 것이 뻔하다. 따라서 우리가 하는 일이 우리만을 위한 것이 아니라 사회를 위해 기여하는 측면이 있다고 할 수 있다.

여러분은 어떤 목적으로 지금의 일을 하고 있는가? 답변하기가 쉽지 않을 수도 있다. 그러나 나는 누구나 이 질문을 한번쯤 해볼 필요가 있다고 생각한다. 우리가 지금 하고 있는 일이 단지 돈을 벌기 위한 목적이 아닐 수 있기 때문이다. 어떤 사람은 자신이 원하는 것을 얻기 위해 지금의 일을 할 수도 있고, 어떤 사람은 돈보다는 봉사의 차원에서 일을 할 수도 있다. 내가 말하고자 하는 것은 그 일의 수준이 높거나 아니면 남들에게 존경을 받을 만한 일인가의 문제가 아니다. 자신이 그 일을 정말 좋아하고 사명감을 느껴서 하는 것이라면 그 일이 어떤 일이든 상관없을 것이다. 물론 비도덕적이거나 남에게 피해를 주는 일이라면 어떤 일이든 정당화될 수 없다. 그러나 합법적이고 남에게 피해가 가지 않는 일이라면 그 일을 하더라도 문제가 되지 않을 것이다. 나아가 자신뿐만이 아니라 남들에게도 좋은 영향을 미치는 일이라면 괜찮은 일일 것이다. 우리나라에서는 사람을 처음 만나면 그 사람이 어떤 일을 하는지 궁금해 한다. 그리고 어떤 일을 하느냐에 따라 그 사람을 평가하는 경향이 강하다. 자신보다 나은 직업이나 전문직에 종사한다면 그 사람을 다른 시각으로 보거나 높이 평가하기도 한다. 반대로 그 사람이 하는 일이 하찮게 보일 경우에는 그 사람을 무시하는 경향이 있다. 그러나 그 사람에게는 반드시 일을 하는 목적이 존재할 수 있으며, 바로 그것이 중요한 점이다.

한국 사회에서는 일이 인생의 대부분을 차지하는 경우가 많다. 특히 한국은 다른 OECD 국가들보다 근무시간이 긴 편이어서 하루의 대부분을 직장에서 지낸다고 할 수 있다. 이처럼 하루의 대부분의 시간을 보내는 곳에서 왜 자신이 그 일을 하고 있는지 반드시 한번은 생각해 볼 필요가 있다. 만약 자신이 왜 이 일을 하고 있는지 모르거나 돈 때문에 어쩔 수 없이 일을 하고 있다면 지금 인생의 귀중한 시간을 헛되이 보내거나 돈과 시간을 바꾸고 있는 것인지도 모른다. 이럴 경우 나중에 후회하게 될 수도 있다.

나 역시 예전에 일을 하면서 시간을 소중히 여기지 않거나 직장의 선택기준을 돈으로 정하는 경우가 많았다. 돌이켜보면 아쉽고 후회스럽다. 만약 그 당시에 왜 이 일을 하는지 곰곰이 생각해보았더라면 시간을 보다 유용하게 보낼 수 있지 않았을까? 나는 직장생활을 15년 넘게 하였다. 반도체 관련 일본계 기업을 오래 다녔고 교수로 2년쯤 강의도 하였다. 직장에 다닐 때에는 연봉이 높거나 대기업을 다니는 사람들을 부러워한 적도 있었다. 연봉이 높거나 대기업에 다니면 남들에게 떳떳하게 이야기할 수 있을 것 같았기 때문이다. 일이 적성에 맞거나 좋아서 한 적은 거의 없는 것 같다. 만족할 만큼 높은 연봉을 받지도 못했다. 단지 돈을 벌기 위해, 아니면 남들 눈에 좋아 보인다는 이유로 직장을 선택했다.

물론 이런 것도 무시할 수 없는 중요한 요소이기는 하지만 일을 하는 본질은 아니라고 생각한다. 남의 기준에 좋아 보이거나 표면적으로 만족스러워 보이더라도 내가 그 일을 하는 진정한 이유를 모른다면 일을 하는 목적이 분명하지 않은 것이다. 자신에게 그 일을 하는 확실한 목적이 있다면 흔들리지 않고 꿋꿋하게 어려움이 있더라도 헤쳐 나갈 수 있을 것이다.

과거의 직장생활을 돌이켜보면 어렵고 힘들었던 기억이 떠오른다. 한번도 직장생활에 만족한 적이 없었던 것 같다. 특히 일에 대한 명확한 목적이 없었기 때문에 힘들 때는 이직을 해서 도피하고 싶었던 적도 많았다. 실제로 여러 번 이직한 경험도 있다. 그러나 이직을 한다고 해서 근본적인 문제가 해결되지는 않았다. 회사가 아니라 나 자신이 문제였을 수도 있다. 그러나 나는 이직을 하면 나아질 거라는 생각으로 현실을 도피하려 했다. 지금 생각해 보니 일을 하는 확실한 목적이 없었기 때문에 어려움에 부딪치면 극복하려는 의지가 없었던 것이었다.

지금은 어떤 일을 시작할 때 매우 조심스러워진다. 과거와 같은 잘못을 되풀이하지 않기 위해서 신중하게 일을 선택하고 있기 때문이다. 어떤 일을 하기 전에 스스로 이 일을 왜 하려 하는지 질문해 본다. 그리고 내가 해야만 하는 일이라면 최선의 노력을 다하려고 한다. 일을 하는 목적이 분명하지 않으면 반드시 해야 할 이유가 없다. 물론 그렇다고 돈과 일의 수준 등을 무시할 수 있는 것은 아니다. 그러나 그런 조건이 어느 정도 충족된 다음에는 그 일을 할 만한 이유가 필요해진다. 단지 돈과 타인의 판단기준으로만 일을 선택하지는 않겠다는 것이다. 그리고 단지 돈을 벌 목적으로 남에게 피해가 가는 일은 절대 하지 않을 것이다. 나아가 내가 하는 일이 나에게 도움이 될 뿐만 아니라 사회에도 기여할 수 있으면 좋겠다.

일은 자신을 성장시키기도 한다. 우리는 일을 통해 많은 경험을 쌓고 배우는 것도 많다. 이런 학습을 통해 성장할 수 있으며 이에 따라 지위도 올라간다. 그동안 우리나라는 종신고용 형태의 고용시스템을 유지해 왔다. 일본에서 시작된 종신고용을 받아들인 것인데 지금까지는 우리 경제시스템에 그럭저럭 잘 맞았던 것 같다. 그러나 지금의 경제상황과는 잘 맞지 않는 부분이 있다. 과거에는 우리 경제가 지속적으로 성장했지만 지금은 정체국면에 들어섰기 때문에 단지 경력이 많다고 해서 더 많은 대우를 해줄 수 없는 구조로 바뀌었다. 과거에는 직원이 평생직장인 회사를 위해 목숨을 바칠 정도로 헌신과 노력을 기울이면 회사는 직원을 끝까지 책임졌다. 그러나 지금은 직원이 더 이상 쓸모가 없게 되면 회사를 떠날 수밖에 없는 구조로 바뀌었다. 회사가 성장하는 과정에 있다면 직원이 많이 필요하고, 필요한 인력을 유지하기 위해서는 월급을 계속 올려주면서 직급도 높여줄 수밖에 없다.

그런데 지금은 어떠한가? 대기업을 비롯한 많은 기업들이 더이상 성장하기 어려운 상황에 놓이면서 무조건 직원들의 임금을 높여주기 어려운 상황이 되고 있다. 일단 회사가 먼저 생존해야 하기 때문에 직원의 월급을 지속적으로 올려주기 힘들다. 그리고 지금은 전 세계의 경제가 모두 연결되어 있기 때문에 경쟁은 과거보다 더욱 치열하다. 따라서 경력에 따라 무조건 월급을 올려주기에는 무리가 있다. 경력이 많다고 해서 그만큼 일을 더 해내는 것이 아니기 때문이다. 특히 지금의 경제상황은 많은 변화의 국면에 처해 있다. 따라서 과거에 통하던 방식이 이제는 통하지 않을 수 있고 문제를 해결하려면 과거와 다른 방식으로 접근해야 하는 경우도 매우 흔하다.

회사는 과거처럼 경력이 많다고 해서 그만큼 많은 대우를 해줄수 없다. 오히려 경력이 적은 젊은 사람들이 보다 창의적이고 외국어와 IT기기에 익숙하기 때문에 일을 효율적으로 할 수 도 있다. 아울러 지금의 젊은 세대는 무한경쟁의 상황에서 자라났기 때문에 취업을 위해 과거 세대보다 많은 노력을 기울인다.

인생에서 일의 의미가 무엇인지 잘 생각해 보기 바란다. 지금하는 일이 행복한가?

어떤 일이 가치 있는 일일까? 일을 했을 때 뿌듯한 느낌이 들면 가치 있는 일이라고 할 수 있을 것이다. 일을 하며 내가 느끼는 가치도 있고 일을 통해 상대방에게 줄 수 있는 가치도 있다. 물론 두 가지 가치를 모두 가질 수도 있다.

어디에 가치를 두느냐에 따라 사람마다 느끼는 가치는 다를 수 있다. 과연 나의 일은 어떤 가치를 갖고 있을까? 이런 물음이 내가 하는 일에 대해 진지하게 생각하게 만든다. 누구나 한번은 이런 생각을 해볼 필요가 있다. 잘하면 자신이 하는 일에서 여러 가치를 발견할 수 있다. 어떤 일이든 생각하기에 따라 고귀한 일이 될 수 있다. 비록 남들 눈에는 하찮게 보이는 일이더라도 말이다. 세상에는 자신의 일을 정말 소중하게 여기고 사명감을 가지고 하는 사람들도 많다. 그런 태도로 일을 한다면 일에 대해 더 많은 가치를 느낄 수 있지 않을까?

KBS 1TV에서 방송한 '인간극장'에서 박관태 의사의 삶이 소개되어 눈길을 끌었다. 그는 의료환경이 척박한 몽골로 날아가 10년 동안 의료봉사활동을 하고 있다. 그가 본격적으로 몽골로 거취를 옮긴 것은 암으로 죽은 친구와 몽골로 가서 의료봉사를 하자는 약속을 지키기 위해서였다. 그는 몽골에 병원을 세우고 의과대 학생들을 직접 가르치며 몽골 의료환경의 질적인 개선을 위해 노력하고 있다. 수술비가 없는 환자들을 돕고 모자라는 돈은 후원을 받아 병원을 어렵게 운영하고 있는 와중에 말이다. 그는 고기를 잡아주는 것이 아니라 고기 잡는 법을 몽골에 전수하려 한다고 말했다. 참으로 대단하고 존경스럽다는 생각을 하게 되었다. 의사로서 부와 명예를 가질 수 있었지만 그것을 포기하고 남을 위한 삶을 산다는 것이 쉽지 않았을 것이다. 정말 감동적이었다. 그는 누구보다 일에서 큰 가치를 느끼고 있지 않을까? 실제로 그는 병원에 좋은 사람들이 많아서 정말 행복하다고 했다.

　　박관태 의사를 보며 왠지 부끄러워졌다. 그저 명예나 돈을 바라고 일을 선택하려 했던 나 자신을 돌아보게 되었다. 박관태 의사처럼 자신의 일을 정말 소중히 여기고 사랑할 수 있을까? 말처럼 쉬운 일은 아닐 것이다. 하지만 그와 같이 대단한 일은 아닐지라도 우리 주변에도 가치 있는 일이 많이 있지 않을까? 작은 일에도 큰 가치를 둔다면 더욱 열정적이고 충실하게 일할 수 있을 것이다.

간단한 예를 들어 보겠다. 거리를 청소하는 일을 하게 된 사람들이 있다. A라는 사람은 어쩔 수 없이 마지 못해서 그 일을 하고 있다. B라는 사람은 주어진 일이니 그냥 시키는 대로 한다. C라는 사람은 그 일을 지구 한편의 더러운 환경을 깨끗이 하는 일이라 생각하고 적극적으로 한다. 누가 일을 더 잘할 수 있을까? 이건 너무나 뻔한 얘기다. C는 그 일을 사명감을 가지고 할 뿐만 아니라 그 일에 상당한 가치를 두고 있다. 그런 마음과 자세라면 정말 열정적으로 일을 할 것이 분명하다. 이런 사람은 다른 사람의 눈에 잘 띈다. 그렇게 되면 그 사람을 절대 그 일에만 쓰지 않을 것이다. 왜냐하면 남들이 하찮게 생각하는 일도 그토록 사명감을 가지고 열정적으로 한다면 그 밖에 다른 일도 그 이상의 열정을 가지고 하게 될 가능성이 크기 때문이다. 이처럼 일에 어떤 가치를 두느냐에 따라 그 일은 큰 가치를 지닌 일이 될 수도 있다. 그럼 일에 대한 열정도 생기게 된다.

돌이켜보니 나 역시 지금까지 크게 가치를 두고 했던 일이 많지 않았던 것 같다. 일에 가치를 크게 두지 않았기에 성과도 그리 뛰어나지 않았다. 만약 내가 어떤 일에 큰 가치를 두고 일을 했다면 지금보다 훨씬 더 큰 일을 이루었을 것이다. 실제로 세상에 큰 업적을 남긴 사람들을 보면 대부분 맡은 일에 큰 가치를 두었다고 볼 수 있다. 일에 가치를 크게 두었기 때문에 그 일만 생각하고 몰입할 수 있었으며 이런 몰입은 큰 성과로 이어지게 되었다. 그렇다고 대단한 사람만이 큰 업적을 이룰 수 있는 것은 아니다. 자신이 하는 일에 큰 가치를 둔다면 누구나 어떤 일이든 충분하게 큰 성과를 거둘 수 있다. 가치란 이렇듯 큰 일을 이루는 데 반드시 필요한 요소다.

자신이 하는 일은 누군가에게 가치를 줄 수 있다. 혜택을 보는 상대방이 큰 가치를 느낀다면 그에 따른 보상도 크게 받을 것이다. 우리가 하는 모든 일이 가치를 생산하는 일이며 우리가 어떤 식으로 일을 하느냐에 따라 가치는 커질 수 있다. 같은 일을 하더라도 어떤 태도를 갖느냐에 따라 가치는 천차만별이다. 지금 여러분이 하는 일은 생각하기에 따라 가치가 큰 일이 될 수도 있다. 단지 여러분이 느끼지 못할 뿐이다.

여러분도 일을 하며 가치를 느낀 적이 있었을 것이다. 만약 세일즈맨이라면 고객에게 가치가 있는 제품을 제공함으로써 고객을 만족시킨 적이 있었을 것이다. 그럼 마음이 흐뭇해지고, 하는 일에 가치를 느끼며 더 열심히 해야겠다는 생각이 들었을 것이다. 이처럼 우리는 일을 함으로써 자신이 가치 있는 존재라는 것을 깨닫게 된다. 그래서 일이 우리에게 더욱 중요한지도 모른다. 단지 많은 시간을 보내는 것이 아니라 일을 통해 가치를 생산할 수 있기 때문이다.

돈이란 누군가에게 가치를 주면 따라오는 부산물이다. 어떻게 하면 돈을 많이 벌 수 있을까 궁리하기보다는 어떻게 하면 상대방에게 가치를 더 많이 줄 수 있을까를 고민하는 편이 나을 것이다. 예를 들어 A와 B라는 사람이 식당을 경영한다고 하자. A는 어떻게 하면 식자재의 비용을 낮추고 인건비를 줄여 이익을 더 많이 남길 것인지 고민한다. B는 어떻게 하면 고객에게 맛있는 식사를 제공하고 영양가 있는 메뉴를 개발할지 고민한다. 누가 더 경영을 잘한다고 할 수 있을까? A는 비용을 절감하여 이익을 얻으려는 사람이고 B는 고객에게 가치를 제공하는 사람이다. 당연히 B가 경영을 더 잘한다고 할 수 있다. A는 돈을 우선적으로 생각하지만 B는 가치를 먼저 생각하기 때문이다. 어떤 일이든 가치를 우선적으로 생각하면 일의 성과도 기대 이상으로 나오게 된다. 여러분도 하는 일에 대해서 가치를 부여하고 상대방에게 어떤 가치를 줄 것인가를 생각하면 일이 더욱 재미있고 의미가 있을 것이다.

#3 _ 직업의 미래

　　　　　　　　우리의 직업은 안전한가? 지금 대부분의 사람들
이 앞으로 어떻게 살아가야 할지 불안감을 갖고 있을 것이다. 실제
로 많은 연구에서 수십 년 안에 상당수의 직업들이 사라질 것으
로 경고하고 있다. 이는 단순직뿐만 아니라 고소득 전문직에도 해
당되는 내용이다. 앞으로 AI^Artificial Intelligence(인공지능)가 사람의 지
능에 도달하게 되면 많은 경영자는 굳이 인간의 노동력을 쓰려 하
지 않을 것이다. AI 로봇은 쉬지 않고 일해도 불평을 하지 않으며
인간의 노동력보다 훨씬 더 효율적이고 효과적으로 일을 할 수 있
다. 그러니 앞으로 AI 로봇을 쓰지 않는 경영자는 경쟁에서 뒤쳐질
수밖에 없다. 따라서 회사에서는 AI를 이용할 궁리를 할 것이다.
AI 로봇이 사람의 자리를 대체하면 사람은 어떻게 해야 할까?

　우리는 이런 준비가 아직은 미흡하다. 정말로 나의 직업이 없어
지게 되면 그제서야 비로소 후회하게 될지도 모른다. 나이 든 사

람들은 새로운 것을 배우는 것이 쉽지 않다. 그러나 100세 시대를 맞아 우리는 생각보다 오랜 시간 일을 해야 할 것이다. 그러니 우리 모두 새로운 일을 배울 준비를 해야 할 것이다. 과거에는 이런 걱정이 거의 없었다. 왜냐하면 한번 직장을 들어가면 거의 평생을 한 직장에서 일을 하는 경우가 많았기 때문이다. 그러나 지금은 과거와 많이 다르다. 지금 직업을 가지고 있더라도 언제 어떻게 될지 모른다. 하루 아침에 실업자가 될지도 모르는 일이다. 그럼 우리는 어떻게 살아가야 할까? 참으로 답답한 현실이다.

특히 50대는 더욱 답답함을 느낄 것이다. 50대는 대학생 자녀를 둔 경우가 많아서 돈이 많이 드는 시기다. 이뿐만 아니라 부모님도 봉양해야 한다. 그러나 대부분이 가지고 있는 재산은 달랑 집 한 채뿐이다. 그리고 몇 년 후에 퇴직하면 삶의 수준이 급락하게 된다. 50대는 아무리 스펙이 좋아도 재취업은 쉽지 않다.

대학을 졸업하고 취업을 준비하는 학생들은 어떤가? 경제상황이 어렵다 보니 그들도 취업이 여의치 않다. 그렇다면 직장을 구하지 못하는 젊은 사람들은 무엇을 하며 먹고 살라는 말인가? 아무 경험도 없이 창업을 하는 것은 위험하니 가장 안정적인 공무원에만 몰리게 되는 것이다. 많은 젊은 사람들의 인생 목표가 공무원이라니 참으로 답답한 현실이다. 그렇다고 뾰족한 해결책이 보이지도 않는다. 내가 대학에 다닐 때에는 취업이 지금처럼 어렵지 않았다. 그래서 어느 정도 노력하면 원하는 직장에 그리 어렵지 않게 들어갈 수 있었다. 그때는 사회의 변화속도도 지금처럼 빠르지 않았기 때문에 직장에 다니면 더 이상 특별히 공부할 필요도 없었다. 그러나 지금은 조금이라도 변화하는 속도에 맞추어 공부하지 않으면 금세 뒤쳐질 수밖에 없다.

미래의 직업은 어떨까? 미래에는 지금과 같이 정규직이나 비정규직(계약직)의 구분조차 희미해질 것으로 보인다. 어차피 지금은 평생직장이라는 개념이 사라졌기 때문에 현재 회사에 근무 중이더라도 사측과 근로자 사이에 서로의 근무조건이 맞지 않으면 언제든지 어느 측에서라도 계약을 해지할 수 있게 된다. (물론 법적으로 계약기간 중에는 회사에서 직원을 함부로 해고할 수는 없다.) 그리고 회사 입장에서는 같은 업무에서 같은 수준의 업무를 수행하고 있는 정규직과 비정규직이 있다면 월급이 적은 비정규직을 선호하게 될 것이다. (그렇기 때문에 비정규직이 정규직보다 더 안정적일지도 모른다.) 따라서 정규직이든 비정규직이든 회사가 원하는 수준의 업무를 수행할 수 있느냐가 관건이 된다.

앞으로는 회사에 소속되어 일하는 근로자보다는 프리랜서로 일하는 근로자들이 지속적으로 많아질 것이다. 미국에서는 이미 긱경제Gig Economy(빠른 시대 변화에 대응하기 위해 비정규 프리랜서 근로 형태가 확산되는 경제 현상)라고 하는 고용형태가 계속해서 증가하고 있다. (지금 1/3정도가 이에 해당한다고 한다.) 한국에서도 이러한 형태의 고용이 앞으로 증가할 것이다. 특히 젊은 세대는 조직에 속해서 일하는 것을 선호하지 않는다. 개인적인 프라이버시를 중시하는 젊은 세대가 윗사람들의 눈치를 보면서 비합리적인 회사조직 구조를 받아들이는 걸 어려워 하기 때문이다. 긱경제의 고용은 자기가 원하는 때와 장소를 선택해서 누구의 간섭도 받지 않고 자유롭게 일할 수 있기 때문에 젊은 사람들이 선호하는 고용형태라 할 수 있다. 또한, 신입사원이 아무리 능력이 좋아도 그만큼의 대우를 받기 어려운 기존의 조직문화에서 젊은 사람들은 불합리함을 느끼기도 한다. 물론 긱경제에서는 철저하게 자신의 능력만큼 일을 하고 보수를 받기 때문에 기존 조직에 속해 있을 때보다 보수가 적을 수 있다. 그렇다 하더라도 젊은 세대의 특성상 돈보다 자유롭게 일하는 것을 더 선호할 것이다.

앞으로는 주로 ICT Information Communication Technology 관련 직업들이 많이 생길 것이다. 많은 직업들이 자동화되고 AI에 의해 대체되는 방향으로 진행될 것이기 때문이다. 물론 AI 로봇이 할 수 없는 인간 고유의 능력을 활용하는 직업도 생길 것이다. 그러나 AI 기술이 더 발전하고 AI가 인간의 지능을 초월하는 시기가 오면 모든 인간의 직업을 AI가 대체할지도 모른다.

혹자는 AI가 인간의 많은 직업을 대처하더라도 그만큼의 다른 직업들이 생기기 때문에 그런 새로운 직업에 대한 준비를 함으로써 미래에도 원하는 직업을 가질 수 있다고 주장한다. 제1차, 2차. 3차 산업혁명을 거치면서 기존의 직업들은 없어지고 많은 직업들이 새로 생긴 예를 보면 그럴듯한 주장이다. 그러나 미래의 일을 단언할 수는 없지만 문제는 새로 생기는 직업들도 AI로 대체될 수 있다는 점이다. 앞으로는 빈부의 양극화가 더 심해지고 AI를 활용할 수 있는 사람과 그렇지 못한 사람의 빈부격차는 상상을 초월할 정도로 벌어질 것이다.

따라서 이 시대에 미래의 직업을 고민한다면 AI 로봇이 대체할 수 없는 인간 고유의 능력을 활용할 수 있는 직업을 갖는 것이 좋을 것이다. AI가 할 수 없는 일은 이지성 작가의 책인 〈에이트〉에서 제시된 것처럼 공감능력과 창조적 상상력을 활용한 일이다. 이런 일은 AI 로봇이 절대로 할 수 없으므로 AI 시대에 살아남기 위해서는 이런 인간 고유의 능력을 키우는 데 초점을 맞출 필요가 있다. 이 두 가지 능력을 키우기 위해서는 8가지 행동지침이 있는데 구체적인 내용은 그 책을 참조하기 바란다.

앞으로도 오랜 시간 일을 해야만 하는 우리에게는 매우 힘들 것으로 예상되는 직업의 미래가 전개될 것이다. 지금처럼 변화가 심한 상황에서는 누구나 변화에 대처할 수 있고 변화에 적응할 수 있는 능력을 키워야만 직업시장Job Market에서 살아남을 수 있다.

#4_ 지금 자신의 일에 만족하는가?

누구나 자신이 좋아하는 일을 하고 싶어한다. 그런데 과연 자신의 일에 만족하고 있는 사람들이 얼마나 될까? 그리 많지 않을 것이다. 인간은 기본적으로 일을 하는 것보다는 쉬는 것, 노는 것을 더 좋아한다. 정말로 극소수의 사람들이 자신의 일을 좋아하고 사명감을 가지고 하는 것 같다. 돈을 벌기 위해 하는 일이라면 흥미롭기보다는 하기 싫은 것이 인간의 마음일 것이다. 그러나 어쨌든 누구나 일정기간 동안 일을 해야만 하고 일을 통해서 자신이 원하는 것을 이룰 수 있다.

그렇다면 어떤 일을 해야 만족스러울 수 있을까? 사람들은 자기가 좋아하는 일을 하면 만족스러운 생활을 할 수 있다고 한다. 그런데 문제는 대부분의 사람들이 자기가 좋아하는 일이 무엇인지 모른다는 점이다. 그 이유는 대부분의 사람들이 직업을 보는 시야가 좁기 때문이다. 왜냐하면 보통 고등학교 때 대학의 전공을 정하고 졸업 후에는 그 전공분야로 진로를 결정하게 되기 때문이다. 그러나 지금은 대학 전공이 직업과 연결되는 것이 좋은 것만은 아니라고 생각한다. (물론 의과대학이나 예체능계 대학은 예외다.) 특히 해외의 명문대학들은 대학에서 전공이 없는 경우도 있다. 다양한 것을 경험해 보고 자신이 원하는 분야를 잘 선택해서 진로를 결정하기를 바라기 때문일 것이다.

지금은 학문도 융합의 시대다. 한 분야에 대해 깊게 아는 것도 좋지만 진로를 다양한 분야로 열어 두는 것도 필요하다. 학생들이 대학의 전공을 정할 때 구체적으로 어느 분야로 진출하겠다는 확고한 생각을 갖고 결정하는 경우는 많지 않다. 그리고 자신이 확실하게 정한 분야라 할지라도 실제로 그 전공을 경험해 보지 않은 이상 그 전공이 자신에게 맞는지 알 수 없다. 선택한 전공에 대해 어떤 것을 배우게 되는지도 모르는 채 진학하는 경우도 많다.

나 또한 그러했다. 나는 대학에서 영문학을 전공했는데 그때는 그저 영어를 좋아해서 전공을 정했다. 그러나 대학에 들어간 뒤 영문학이 영어를 공부하는 전공이 아니라는 사실을 알게 되었다. 영문학과에서는 주로 언어학과 문학을 배우는데, 문학을 70%정도 배우게 된다. 나는 학과의 특성을 모른 채 대학 전공을 선택한 셈이다. 그래서 대학원에서는 경영분야로 전공을 바꾸게 되었다. 그러나 지금 생각해 보면 아이러니하게도 그때 영문학에 대해서 좀 더 관심을 가지고 열심히 배우면 좋았을 것이라는 아쉬움이 남는다. 내가 필자가 되어 글을 쓰면서 문학이 정말 중요한 전공이라는 것을 깨달았기 때문이다. 4차 산업혁명 시대에는 인문학에 대한 중요성이 더 커지고 인문학을 공부해야 사람들을 이해할 수 있으며 경영에도 도움이 된다는 사실을 알게 된 후로는 더욱 그렇다.

이처럼 앞으로 사람들은 자신의 상황이 언제 어떻게 바뀔지 모르고 어떤 직업을 갖게 될지도 모르기 때문에 다양한 분야를 공부하는 것이 도움이 될 것이다. 특히 지금 학생들은 앞으로 4개 이상의 직업을 갖게 될 것이기 때문에 다양한 분야에 대해 관심을 가지고 공부하는 것이 중요하다. 그리고 직업을 선택하기에 앞서 가장 좋은 것은 그 직업을 경험해보고 선택하는 것이다. 자기가 좋아하는 일을 하면 만족할 수 있다.

다음소프트의 국내 최고 빅데이터 해석가인 송길영 부사장은 직업선택에 대해 다음과 같이 얘기했다.

"전 무조건 자신이 좋아하는 걸 하라고 해요. 기존 직업 중 평균적인 일은 다 AI로 대체되고, 이젠 깊게 공부하고 수련하는 사람만이 직업 세계에서 살아남아요. 덕후들의 시대죠. 그런데 오래 그 일을 파고들려면 그 일을 좋아해야 해요. 싫어하는 일은 절대 길게 잘할 수 없잖아요."

송길영 부사장은 3년간은 자신이 좋아하는 일에 진정성 있게 매진하고 꾸준하게 자신을 알리다 보면 기회가 찾아온다고 했다. 내 생각도 그렇다. 자기가 좋아하지 않는 일을 하면 몰입할 수 없고 적극적으로 배우고 습득하려 하지 않을 것이 뻔하다. 그렇게 되면 그 분야에 최고의 경지에 이를 수 없다. 그리고 자신이 좋아하는 일에 대해 열정을 다하다 보면 그 분야에서 최고의 경지에 이를 수 있다. 그렇게 되면 보다 만족스러운 삶을 살게 될 것이다.

물론 문제는 자기가 좋아하는 일을 찾기가 쉽지 않다는 것이다. 정말로 자신이 좋아하는 일을 찾고 싶다면 일단 다양한 일들을 해보라고 권하고 싶다. 우리 세대는 대학을 졸업하고 입사시험에 통과한 회사 한 곳을 골라 입사하는 경우가 많았다. 그리고 많은 사람들이 그 직장에서 수십 년간 근무하는 것이 일반적이었다. 내 주변의 많은 친구들은 여전히 처음 직장에 몸 담고 있다. 과연 좋아서 그 직장을 지금까지 다니는 것인지 아니면 다른 길이 없어서 그런 건지는 모르겠지만 말이다.

세상에는 수만 가지 일이 있는데 그중 겨우 몇 개에서 골라 인생을 던진다는 것이 왠지 불안해 보인다. 최소한 10개 이상의 직업을 경험해보고 그중에서 자기에게 맞는 일을 선택하는 것이 더좋지 않을까? 설령 처음 선택한 일이 만족스럽다고 하더라도 지금의 일보다 더 만족스러운 일이 있을지도 모른다. 내 말은 직업을 선택할 때 더 많은 경험을 해보고 결정하는 것이 더 잘 맞는 직업을 선택할 가능성이 높다는 것이다.

물론 어쩔 수 없이 그 일을 할 수밖에 없는 상황도 있을 것이다. 예를 들어 경기가 좋지 않아서 다른 직업을 갖기 어렵다거나 능력이 모자라서 본인이 원하는 직업을 가질 수 없는 상황 등이다. 그럼 어떻게 해야 할까? 좋아하지 않는 일을 한다는 것은 고역일 수 있다. 이럴 경우 자신의 일을 좋아해보려 노력할 수 있을 것이다. 물론 쉬운 일은 아니겠지만 더 많은 관심을 기울이며 일을 하다 보면 언젠가 그 일을 좋아하게 될 수도 있을 것이다.

나는 일 자체보다는 일을 같이 하는 상사와 맞지 않아 일을 하기 싫었던 적이 있었다. 이런 경우는 충분히 일을 좋아하게 될 가능성이 있다. 당장은 어렵더라도 인내하면서 버티다 보면 나와 마음이 맞지 않는 상사가 다른 부서로 가거나 그만 두는 경우도 있다. 여러 차례 이직을 하면서 깨달은 것은 완벽하게 만족스러운 직장을 찾기란 거의 불가능하다는 사실이다. 마음에 안 드는 부분이 있어서 다른 직장으로 옮기면 다른 부분이 마음에 안 드는 경우가 흔하다. 오히려 전직장보다 더 불만족스러운 경우도 있다. 그러니 이직을 생각하고 있다면 이직하려는 직장에 대해 더 자세히 알아보고 신중하게 행동하는 것이 좋다.

자신의 직업에 대해 만족한다면 참으로 행운이라 할 수 있다. 그리고 그것이 행복한 인생의 시작이다. 이런 기본조건을 갖추지 못하면 아무리 노력해도 행복해지기 어렵다. 자신의 직업을 만족스럽게 느낀다면 더 많은 의미와 가치를 가지고 인생을 살아갈 수 있을 것이다.

세상에는 셀 수 없을 만큼 다양한 직업이 있으며 앞으로도 새로운 직업이 계속 생겨날 것이다. 문제는 지금 내가 하고 있는 일이 언젠가 없어지거나, 아니면 더 이상 그 일을 할 수 없는 상황이 올 수 있다는 것이다. 그럼 이에 대한 준비를 해야 하지 않을까? 실제로 지금 자신의 직업이 AI에 의해 대체되면 어떻게 해야 할지 고민하는 사람이 많을 것이다.

우선 직업을 선택하는 자신만의 기준이 있어야 한다. 아무리 연봉이 많고 근무조건이 좋다 하더라도 그 일과 내가 맞지 않으면 그 일은 나에게 좋은 직업이 아니다. 그런데 지금도 많은 부모가 자식에게 명문대학을 가서 남들이 생각하는 좋은 직장을 얻기 위해 열심히 공부하라고 한다. 과연 명문대학을 가서 대기업에 들어가면 장래가 보장될까?

과거에는 이런 일이 가능했다. 명문대학을 나오면 취업을 비롯하여 장래가 어느 정도 보장되었으니 말이다. 지금도 이런 생각을 가진 사람들이 많은 것 같다. 하지만 나는 이런 생각은 더 이상 통하지 않는다고 확신한다. 명문대학을 나오면 어느 정도 유리할 수는 있지만, 지금은 명문대학을 나온다고 해서 보장되는 것은 아무것도 없다. 앞으로 스펙이나 학벌은 더 이상 입사를 위한 중요한 기준이 되지 못할 것이다.

기업은 기본적으로 이익이 생겨야 유지되는 조직이다. 사업에서 이익을 남기지 못하면 생존 자체가 어렵다. 그런데 주입식 교육을 받고 명문대학을 나온다고 해서 과연 회사에서 남들보다 뛰어난 성과를 낼 수 있을지 의문이다. 명문대학 출신이 반드시 일을 더 잘하는 것은 아니라는 사실을 보여주는 연구조사가 많이 있다. 나는 기본적인 자격만 갖추고 있다면 학벌은 그리 중요한 요소가 아니라고 생각한다. 지방대학 출신이나 고졸 중에도 충분히 일을 잘하는 사람이 많은데 굳이 명문대학 출신을 우선적으로 채용할 필요가 있을지 의문이다. 앞으로 기업은 정말로 그 사람이 회사에서 좋은 성과를 낼 수 있을지 잘 평가해야 한다. 그렇지 않으면 기업도 지속 가능한 경영을 할 수 없다.

지금 일부 대기업들은 채용에서도 AI를 활용하여 직원들을 선발하고 있다. AI는 학벌을 전혀 묻지 않는다. 이미 학벌은 기업에서 성과를 내기 위한 필요조건이 아니기 때문이다. AI 평가의 중요한 요소는 그 사람이 회사에 들어와서 기대하는 만큼의 성과를 낼 수 있을지 여부다.

그럼 어떤 인재들이 기업에 필요할까? 나는 다방면에 걸친 경험과 지식이 풍부하여 창의적 사고를 할 수 있고, 이런 과정에서 어렵고 복잡한 문제를 해결할 수 있는 능력을 가진 인재들이 필요할 것이라고 생각한다. 앞으로 기업에서 직면하게 될 문제는 과거에는 전혀 경험해 보지 못한 난해하고 복잡한 문제일 것이다. 단지 그 분야의 경력이 많거나 학벌이 좋다고 해서 풀 수 있는 문제가 아니라는 말이다. 어렵고 복잡한 문제를 해결하기 위해서는 보다 유연하고 창의적인 생각을 하는 사람이 필요하다. 이런 인재가 되기 위해서는 호기심을 가지고 문제에 대해 꾸준히 질문할 수 있는 사람이어야 한다.

지금까지 국내의 기업들은 무엇인가를 창조해 내기보다는 남의 것을 모방하여 빨리 쫓아가야 선두에 설 수 있었다. 즉 퍼스트 무버First Mover가 아닌 패스트 팔로어Fast Follower였다. 그러나 앞으로 기업들도 새로운 것을 창조할 수 있는 능력을 키워야 살아남을 수 있다. 그렇다 보니 기업들도 당연히 보다 창의적인 인재들을 찾게 되고, 개인들은 이런 능력을 키워야 취업에 유리하다. 이를 위해 많은 경험과 지식을 쌓는 동시에 어떤 것에 대해서든 생각하고 상상할 수 있는 능력을 키워야 한다. 창의력도 충분한 경험과 지식이 있어야 생길 수 있다. 창의력은 상상력을 기반으로 발현되며 나아가 지식과 경험을 서로 적절하게 연결시켜야 생긴다. 아무 지식이 없는 상태에서는 창의력도 발현되기 어렵다.

조직에 속하지 않고 자기 일을 하는 프리랜서도 마찬가지다. 지금은 모든 분야에서 경쟁이 치열하다. 물론 어떤 분야라도 상위 몇 퍼센트 안에 드는 경쟁력을 가지고 있다면 살아남을 수 있지만, 말처럼 쉽지 않은 일이다. 그러나 남들이 하기 어려운 자신만의 비즈니스를 만들면 치열한 경쟁을 피하고 온리 원Only One이 될 수 있다. 그렇게 되기 위해서도 상상력을 가지고 창의적인 생각을 할 수 있어야만 한다.

지금 우리 사회는 100세 시대에 다가가고 있다. 공무원이나 공공기관을 제외한 사기업을 보면 대략 20대 중후반에 일을 시작해서 50세 전후에 퇴직하는 것이 일반적이다. 그럼 퇴직 후 40-50년을 더 살게 되는데, 50세 전후에 이미 노후문제를 해결할 경제력을 지닌 사람이 얼마나 될까? 거의 모든 사람이 퇴직 후에도 일을 하면서 살아야 한다. 하지만 그 나이에 퇴직을 한 뒤에는 그만큼의 대우를 해주는 직장을 찾는 건 거의 불가능하다.

재취업에 성공하더라도 저임금의 단순 노무직이 대부분이다. 그마저도 65세 이상이 되면 아무리 좋은 자격조건을 가졌더라도 일하는 것 자체가 어려워진다. 지금 노인의 절반 가까이가 빈곤층에 해당된다. 참으로 슬픈 현실이 아닐 수 없다.

미래에는 어떻게 될까? AI에 의해 많은 직업들이 없어지게 되고 ICT 관련 직업들이 많이 생기게 된다. 전체적으로 보면 직업 자체의 수가 계속해서 줄게 된다. 기업들이 효율이라는 측면에서 더 적은 인원으로 더 많은 성과를 내려고 할 것이기 때문이다. 그럼 일을 할 수 있는 사람들의 숫자는 계속해서 줄어들 수밖에 없다. 그리고 남아 있는 직업이나 새로 생기는 직업도 ICT와 관련된 분야가 많기 때문에 이 분야를 잘 모르는 사람들은 더욱 도태될 수밖에 없다. 그래서 나이가 들수록 더욱 고용시장에서 불리해질 수밖에 없다. 그렇게 되지 않으려면 나이가 들더라도 변화하는 시대에 적응하고 새로운 것을 배우려는 자세가 중요하다.

앞으로는 직업의 생명주기가 더욱 짧아진다. 운이 좋아 지금 직업을 가질 수 있더라도 그 직업이 계속해서 존재하리라는 보장이 없다. AI에 의한 대체가 아니더라도 그 직업이 불필요해질 수도 있다. 그래서 지금 하는 일에 충실하게 임하는 것도 중요하지만 새로운 직업을 가지게 될 경우를 대비해서 미리 틈틈이 준비를 해두어야만 한다. 그렇지 않고 무방비 상태로 지내다가는 다시는 직업을 갖지 못하게 될 수도 있다. 따라서 우리는 항상 변화에 주목하고 변화하는 사회에 적절하게 적응할 수 있는 능력을 키우는 것이 무엇보다 중요하다.

자신의 일을 누가 대신 책임지지 않는다. 본인이 스스로 준비하면서 실력을 갖춰야 한다. 그래야 평생 자신을 지키고 행복한 인생을 살 수 있다.

PART 2

공부

공부는 누구에게나 필요하다

어른이 되었다고 공부가 끝나는 것이 아니라 어른 일수록 공부를 해야 한다. 공부는 세상의 이치를 깨닫는 중요한 수단이다. 무엇이든 공부를 해야 알 수 있고 이해할 수 있다. 그리고 공부는 끝이 없다. 공부를 통해 새로운 것을 알면 알수록 자신이 모르는 것이 더 많다는 것을 느끼게 된다.

공부를 하기 위해서는 새로운 것에 대한 호기심이 필요하다. 지적 호기심이야말로 새로운 것을 공부하는 데 중요한 동기가 된다. 우리는 기본적으로 자신이 아는 범위 내에서만 생각할 수 있고, 공부를 함으로써 보다 넓은 세상과 만날 수 있다.

공부하기에 가장 좋은 수단은 바로 독서다. 책 속에는 무한한 지식이 담겨 있다. 독서야말로 지식을 넓힐 수 있는 중요한 수단이며 독서를 통해 인생을 보다 지혜롭게 살아갈 수 있다.

흔히 공부 하면 학교에서 배우는 영어와 수학 등을 뜻한다고 생각하기 쉽다. 그러나 공부의 종류는 매우 다양하다. 우리 생활과 관련된 모든 것이 공부다. 공부를 한다는 것은 세상의 이치를 알아가는 과정이다. 우리가 살아가면서 모르는 게 얼마나 많은지 생각해 보면 공부의 범위는 끝이 없다. 그리고 공부의 기본은 생각이다. 어떤 것의 본질을 알기 위해서는 그것에 대해 깊이 생각해야 한다. 본질에 대해 고민해 봐야 자신의 기억에 남게 된다. 아무 생각 없이 단순히 외운다고 공부가 되는 것은 아니다. 그것이 왜 그런지 깨우쳐야만 공부가 된다. 그래서 중요한 것이 있다. 당연한 것처럼 보이는 것도 '왜 그럴까?' 생각해 보는 것이다. 그것을 이해할 수 있어야 다른 것들을 공부할 때 쉽게 이해할 수 있다. 모든 공부의 뿌리는 같고 서로 연결되어 있기 때문이다. 그리고 공부는 한번 한다고 끝나는 것이 아니라 평생 해야만 한다.

공부를 잘하려면 어떻게 해야 할까? 먼저 호기심을 가져야 한다. 호기심이 있어야 어떤 것이든 알고 싶어하고, 알고 싶어야 계속해서 파고들게 된다. 계속해서 파고들어야 깊이가 생기고 그 분야의 전문가가 될 수 있다. 또한 호기심을 가져야 어떤 문제에 대해 의문을 가질 수 있고, 의문을 가져야 공부에 재미도 생기게 된다. 공부는 지루하고 재미없다고 느낄 수 있다. 그러나 그것은 공부의 묘미를 모르기 때문이다. 공부는 하면 할수록 재미있어지고, 공부를 하면 지식이 풍부해져 세상을 보는 눈도 넓어진다. 물론 모든 것을 공부하기에는 시간이 부족하므로 먼저 자신의 관심분야에 대해 알려고 하는 자세를 갖는 것이 필요하다. 그럼 공부에 흥미가 생길 것이다. 공부에 흥미가 생기면 관심이 깊어지고 공부가 절대 어려운 것이 아니라고 느끼게 된다.

모든 현상에는 원리가 있다. 현상을 파악하기 위해서는 원리에 대해 공부해야 한다. 공부가 필요 없다고 생각되는 운동도 원리를 알고 하는 것과 모르고 하는 것은 천지차이다. 아무 생각 없이 몸만 움직이면 효과에 한계가 있다. 하지만 원리를 깨우치면 그 한계를 벗어날 수 있고, 원리를 이해해야 운동을 보다 잘할 수 있다.

공부에는 나이가 중요하지 않다. 많은 경우 대체로 나이를 먹고 공부하는 사람이 더 열심히 한다. (그러나 대부분의 나이든 사람들은 공부에서 손을 놓는다.) 나이든 사람은 공부를 해야만 하는 분명한 이유가 있기 때문에 열심히 한다. 따라서 내재적 동기가 큰 사람들이다. 이런 사람들은 동기가 확실하기 때문에 공부에 집중하고 더욱 알려고 노력하며 원하는 목표의 성취 가능성도 높아진다. 공부하지 않는 이유 중에 나이는 핑계일 뿐이다. 오히려 살아오면서 많은 경험이 쌓였기 때문에 공부에 대한 이해가 더 빠를 수 있다.

내가 경영학 박사과정을 시작한 나이는 30대후반이었다. 그러나 같이 공부를 하던 동료들은 대부분 40-50대였고, 나의 아버지 정도 연세가 되는 분들도 있었다. 나는 '그 나이에 굳이 공부를 할 필요가 있을까?'라는 생각도 들었다. 그러나 그분들은 열정이 대단했다. 자신이 경험해온 것을 바탕으로 세미나에서 의견을 제시하는 모습을 보면 감탄이 나올 정도로 대단하였다. 그것을 보고 나이가 많다고 공부를 하지 않는 것은 핑계에 불과하다는 것을 깨닫게 되었다.

지금은 급변의 시대다. 조금이라도 새로운 것을 받아들이려는 자세가 되어 있지 않으면 금세 뒤쳐지기 쉽다. 그래서 우리는 반드시 공부를 해야 한다. 과거에는 우리가 이미 습득한 지식으로 평생 살아갈 수 있었다. 하지만 이제는 지식의 유효기간이 갈수록 짧아지고 있다. 우리가 배운 지식은 5년이 지나면 대부분 쓸모 없는 지식이 된다. 그래서 새로운 지식을 쌓는 것을 게을리하면 뒤쳐지게 되고, 지식은 공부를 통해서만 습득할 수 있다.

어떻게 하면 공부를 계속할 수 있을까? 우선 공부를 매일 조금씩이라도 꾸준히 하는 것이 중요하다. 그럼 공부가 습관이 되어 자동적으로 하게 된다. 자동적으로 공부하면 거부감을 줄일 수 있을 뿐만 아니라 그리 힘들지 않게 할 수 있다. 이렇게 매일 조금씩 공부를 하면 점점 실력이 쌓이게 된다. 처음에는 그리 대단해 보이지 않지만 이렇게 쌓인 공부의 복리효과로 인해 어느 순간 지식의 양이 폭발적으로 증가하고, 그 분야의 전문가 수준에 이르게 된다.

공부는 금방 실력이 늘지는 않는다. 지속적으로 공부를 해서 어느 임계점에 도달했을 때 그 실력이 도드라지게 된다. 물론 공부를 지속적으로 하기 위해서는 인내도 필요하다. 이런 인내의 과정을 무사히 겪어내야만 비로소 전문가 수준에 이를 수 있다.

나도 지금 독서를 통해 공부를 하고 있다. 다양한 책을 읽는 동안 나의 지식이 확장되고 있으며 생각하는 능력도 길러진다. 책을 읽으면서 새로운 것을 알고 모르는 것을 깨우치면서 나 자신이 성장하고 있다는 느낌을 받는다. 이런 성장하는 삶을 산다는 것은 기쁜 일이다.

인간의 삶은 배움에서 시작한다. 원시시대부터 생존에 필요한 것을 깨우치고 더욱 안정적인 삶을 위해 많은 것을 배우고 학습하면서 생존해 왔다. 만약 인류에게 이런 과정이 없었더라면 인류의 진화는 불가능하였을 것이다. 나아가 문명과 과학의 발전도 없었을 것이다. 이것이 공부가 중요한 이유다. 앞으로도 우리는 공부를 통해 더욱 발전해 나갈 것이다.

이렇듯 인간의 삶은 공부를 통해 지금까지 발전되어 왔다. 그리고 앞으로 세상의 발전도 꾸준한 배움과 학습과정을 통해 진화해 나갈 것이다. AI 역시 기계학습Machine Learning이라는 형태로 꾸준히 스스로 학습할 수 있기 때문에 발전해 올 수 있었다. 만약 이런 기계학습 과정이 없다면 AI의 지능이 지속적으로 높아질 수 없다. 우리도 마찬가지다. 우리는 지속적으로 배우고 학습함으로써 새로운 사실을 알고 더 나은 방법으로 문제를 개선하고 자신을 발전시켜 나갈 수 있다.

우리가 공부하는 이유가 뭘까? 물론 사람마다 다를 것이다. 학생들은 명문대학을 가거나 좋은 직장에 취업하기 위해서일 것이다. 물론 그런 목적을 달성하기 위한 공부가 나쁘다는 것은 아니지만 공부를 잘하려면 공부를 즐겨야 한다. 그러나 의무적으로 하는 공부는 기본적으로 재미있게 느껴지기 어려운 법이다.

공부에는 다양한 종류가 있다. 첫번째로 청소년기의 학교공부를 들 수 있다. 이것은 의무적으로 하는 공부이므로 가장 기본적인 공부다. 두번째로 전문지식에 대한 공부가 있다. 이것은 전문성을 갖기 위한 공부로 대학에서 공부하는 전공이 주로 해당된다. 세번째로는 직장생활을 하면서 하게 되는 공부다. 이것은 직장에서 전문분야나 기술을 배우는 것이다. 네번째로는 세상을 살아가는 데 필요한 공부다. 예를 들면 인간관계에 대한 공부가 있다.

　대부분의 사람들이 이런 네 가지 공부를 하게 된다. 각각 공부를 하는 목적이 다르지만 모든 공부가 일단 자신이 하고 싶은 마음이 있어야 효율적이고 효과적으로 할 수 있다. 대부분의 사람들이 공부를 싫어하는 이유는 원하지 않는 공부를 억지로 하기 때문일 것이다. 공부는 억지로 한다고 해서 잘할 수 있는 것이 아니다. 공부는 자신과의 싸움의 과정이기 때문에 공부를 하는 것은 괴로울 수 있다. 그렇기 때문에 공부가 어려운 법이다. 그러나 이 단계를 넘어서면 자신의 한계를 벗어날 수 있다. 공부를 잘하는 사람들은 대체로 공부를 즐겁게 한다. 즐겁게 하니 공부가 재미있고 그만큼의 성과도 나온다. 〈논어〉를 보면 '학이시습지 불역열호(學而時習之 不亦說乎)'라는 말이 나온다. 이 말은 '배우고 그것을 때때로 익히면 기쁘지 않겠는가?'라는 뜻이다. 배우고 익히는 것이야말로 세상에서 가장 재미있는 것일 수 있다. 나도 그동안 배움을 지속해 오면서 힘들 때도 있었지만 새로운 것을 알아가는 과정에서 느끼는 즐거움과 목표에 도달하였을 때 느끼는 희열은 말로 다 표현할 수 없다.

　이런 감정을 느껴본 사람이 많지 않을 수도 있다. 그러나 배움이야말로 투자가치가 가장 큰 일일 것이다. 공부를 통해 세상을 보는 깊은 통찰력을 가질 수 있다면 여러 면에서 매우 유리할 것이다. 예를 들어 사업을 할 경우에는 통찰력이 더욱 필요하다. 그런 통찰력을 가질 수 있는 가장 좋은 방법이 바로 공부다.

이노우에 히로유키의 〈배움을 돈으로 바꾸는 기술〉이라는 책에서는 우리가 배우는 목적이 결과적으로 돈과 연결되어야만 의미가 있다고 얘기한다. 배움이 돈과 연결되지 않으면 해야 할 이유가 없다는 것이다. 그리고 배움을 돈과 연결하기 위해서는 인간에 대한 이해가 필요하며 나아가 배운 것을 실천할 수 있어야 돈과 연결시킬 수 있다고 한다. 저자는 공부에 투자한 비용은 아무리 많아도 결국에는 다시 더 큰 돈으로 돌아오게 된다고 말한다.

우리가 공부를 하는 이유는 인생을 보다 잘살기 위해서일 것이다. 공부를 함으로써 어떻게 해야 돈을 잘 벌 수 있는가 뿐만아니라 더 가치있게 돈을 쓰는 법에 대해 배우게 된다.

돈 외에도 공부를 통해 얻을 수 있는 것은 많다. 돈은 언제든지 사라질 수 있지만 공부를 통해 얻은 지식은 쉽게 사라지지 않는다. 공부를 통해 지식을 확장시킬 수 있고 사고의 폭을 넓힐 수 있으며 의식수준도 향상시킬 수 있다. 공부를 하면 세상을 이해할 수 있는 자신만의 기준이 생긴다. 공부를 하기 전에는 이 세상에 알아야 할 것이 얼마나 많은지 깨닫지 못한다. 모든 것이 아는 만큼만 보이기 마련이다. 문제는 자신이 무엇을 모르는지도 모른다는 것이다. 무엇을 모르는지 모르기 때문에 어떤 공부가 필요한지도 모른다. 그래서 자기가 모르는 분야는 피하게 되고 세상을 보는 시야도 좁아진다. 그리고 어느 분야에 대해 조금만 알아도 자기 주장을 굽히지 않고, 꼰대가 되는 것이다. 이런 사람들은 남을 이해하고 공감하는 능력이 떨어진다. 깊이 있게 알지 못하다 보니 자신이 아는 범위 내에서만 말하고 이해할 수밖에 없기 때문이다. 그러나 공부를 많이 하면 할수록 세상을 보는 안목이 생기고 자신만의 기준도 갖게 된다.

공부를 하면 인생을 더욱 풍요롭게 살 수 있다. 세상을 살다 보면 어려운 문제에 부딪치게 되고 다양한 선택의 순간을 맞게 된다. 이때 공부를 충분하게 한 사람은 어려운 난관을 극복할 수 있고 나아가 인생에서 올바른 선택을 할 수도 있다. 공부를 치열하게 하면 많은 어려움도 극복할 수 있다. 공부는 역경을 이겨내는 중요한 수단이다. 이런 이유에서 공부를 한 사람과 안 한 사람의 인생은 달라진다. 누구나 인생을 살다 보면 후회하기 마련이다. 공부를 지속적으로 한 사람은 후회할 일이 적어진다. 그만큼 인생에서 현명한 선택을 했기 때문이다. 공부를 충분히 한 사람은 인생을 더욱 풍요롭게 살 수 있고 후회하지 않는 삶을 살아갈 수 있다.

나도 살아오면서 후회를 많이 했다. 지금 생각해 보면 예전에 진정한 공부를 많이 하지 않았기 때문인 것 같다. 물론 박사학위를 받고 교수도 2년간 하였으니 공부를 적게 한 것은 아니다. 하지만 나는 그동안 전공이나 외국어를 중점적으로 공부하였다. 인생에 대한 공부는 부족했던 것이다. 과거에는 바쁘다는 핑계로 책을 많이 읽지 않았고, 그러다보니 인생에 대한 지혜와 혜안이 부족했다. 지금의 삶이 불만족스러운 것은 아니지만, 과거에 독서를 통해 인생에 대한 공부를 했더라면 더욱 충족한 인생을 살고 있지 않았을까 싶다. 지금이라도 그것을 깨닫고 세상을 더 잘 알기 위해 열심히 독서를 하고 있다.

나는 진정한 공부는 독서라고 생각한다. 책은 다양한 분야를 아우르고 있으며 우리가 경험하게 되는 모든 것을 책을 통해 학습할 수 있다. 책이야말로 그 분야의 전문가가 자신의 모든 지식을 모아 총정리한 것이므로 우리는 간접적으로나마 그의 지식을 학습할 수 있다. 비용 대비 효과가 가장 좋은 것이 바로 책이라 할 수 있다. 책을 통해 다방면의 지식을 습득할 수 있고, 깊이 있게 공부할 수도 있다. 그러나 안타깝게도 지금은 많은 사람들이 독서와 멀어지고 있다.

공부를 효과적으로 잘하려면 어떻게 해야 할까? 일단 집중하고 몰입해서 해야 한다. 공부를 시작하면 여러 가지 잡생각이 들게 마련이다. 게다가 공부를 방해하는 요소들이 우리의 주변에 너무나 많다. 특히 스마트폰은 공부에 집중할 수 없게 만드는 공부의 적이다. 시도 때도 없이 벨이 울리기 때문이다. 그리고 스마트폰을 습관적으로 만지작거리는 사람도 많고, 스마트폰 없이는 하루도 살지 못하는 사람들도 많다. 나는 스마트폰을 거의 쓰지 않는다. 스마트폰 때문에 공부에 방해를 받는 경우가 많기 때문이다.

공부는 한때 열심히 하다가 그만 두고 다시 열심히 하기를 반복하는 것보다는 조금씩이라도 꾸준히 하는 것이 더 효과적이다. 대부분의 성인들은 생계 때문에 공부에 전념할 수 없는 경우가 많다. 따라서 조금씩이라도 꾸준히 하는 것이 공부습관을 만드는데 도움이 된다. 만약 여러분이 아직도 공부를 시작하지 않았다면 조금이라도 시간을 내어 시도해 보기를 권한다. 공부를 지속적으로 하면 분명히 여러분의 인생은 바뀌게 될 것이다. 나도 독서 공부를 통해 나 자신이 조금씩 변화해가고 있음을 온몸으로 느끼고 있다.

공부는 누구나 해야 한다. 공부를 한 덕분에 인간은 진화하여 지금과 같은 사회를 만들 수 있게 되었다. 우리도 마찬가지다. 우리는 공부를 하지 않으면 성장할 수 없고 공부를 통해 더 넓은 세상을 알아갈 수 있다.

우리는 대부분 대학을 마치고 취업을 하면 더 이상 공부할 필요가 없다고 생각한다. 하지만 그렇지 않다. 직장에 들어간 뒤에도 많은 공부가 필요하다. 먼저 업무를 익히기 위해 공부를 해야 할 뿐만 아니라 직장생활을 잘하고 동료들과 좋은 관계를 유지하기 위해 사람에 대한 공부도 해야 한다. 다시 말해서 세상을 잘 살아가기 위해 공부가 필요하다. 만약 이런 공부를 하지 않으면 어떻게 될까? 아마도 직장생활이 힘들어질 뿐만 아니라 진급도 어려워져 사회생활을 잘 못할 가능성이 크다. 특히 지금은 많은 정보와 지식이 다량으로 쏟아지고 있다. 이런 정보와 지식을 꾸준히 공부하지 않으면 금세 뒤처질 수밖에 없다. 공부를 하지 않으면 누구나 낙오할 수밖에 없다. 현대 사회에서는 정보와 지식을 정확하게 인식하여 생각해 보고 판단할 수 있는 능력을 키워야 한다. 그래서 공부가 필요한 것이다.

공부는 단순히 암기하는 것이 아니다. 새로운 정보와 지식을 접하면 그것에 대해 자신의 생각을 갖고 그 내용을 가다듬고 자기만의 기준을 갖고 받아들일 수 있어야 한다. 그리고 그 지식과 정보를 비판적인 시각과 의문을 갖고 바라보아야 한다. 그래야 자기만의 지식이 쌓이고 그 지식이 다른 지식과 연결되고 융합하여 자신의 분명한 생각을 가질 수 있다. 이렇게 하는 것이 진정한 공부다.

우리가 지금까지 해온 공부는 암기 위주였다. 물론 암기가 바탕이 되어야 공부의 기본을 다질 수 있는 부분도 있다. 그러나 암기식 공부에 지나치게 치우치면 문제가 생긴다. 암기만 하다 보면 이해력이 부족해질 수 있고, 시간이 지나면 학습한 내용을 쉽게 잊을 수 있다. 내가 대학입학시험을 보기 위해 공부한 내용은 대학에 진학한 뒤 몇 년이 지나자 생각나는 것이 거의 없었던 것을 봐도 알 수 있다. 어떻게 보면 한시적으로 이용할 수 있는 지식만 공부한 것이다.

그러나 우리가 문제를 정확하게 이해하고 그것에 대해 깊이 생각할 수 있는 능력을 키운다면 그 지식을 평생 잊지 않고 기억할 수 있을 것이다. 나아가 문제에 대한 근원을 파악할 수 있고 이해할 수 있기 때문에 새로운 문제에 응용할 수 있으며 다른 지식들과 융합하고 연결할 수 있다. 지금은 모든 학문이 융합되고 있으며 전혀 다른 학문들을 서로 연결시킬 수 있는 경우도 많다. 이를 통해 기존에 존재하지 않는 새로운 것을 발견할 수도 있다. 이렇듯 공부는 새로운 것을 창조해 나가는 과정이기도 하다. 이 얼마나 대단한 일인가?

내가 지금까지 논문을 쓰면서 해온 공부도 새로운 것을 만들어 내는 과정이었다. 나는 그동안 반도체 비즈니스 분야의 논문을 20편 정도 발표했다. 그동안 나의 논문과 관련된 분야의 논문들이 많지 않았기 때문에 새로운 분야를 개척하는 느낌이었다. 공부를 하면 할수록 모르는 게 더 많아지는 것 같았고, 공부를 지속함으로써 반도체 비즈니스에 대한 생각도 깊어지는 느낌이었다. 한편으로 기존에 존재하지 않았던 새로운 것을 만들어내기 위해 항상 고민하고 깊이 생각해 봄으로써 그 내용을 머릿속에 오랫동안 새겨놓을 수 있었다.

경영학 박사과정에 있을 때 동기였던 어느 한 분이 아직도 기억에 남는다. 그분은 모 외국계 은행에 근무하는 분이었는데 나이는 나보다 열 살 이상 많았다. 그분은 강의를 듣는 중에도 새로운 아이디어를 제시하고 교수가 생각하지도 못했던 의견을 내는 등 많은 분야에 대해 해박한 지식을 가지고 있었다. 마치 모르는 것이 없는 분 같았다. 그러나 더욱 놀라운 것은 전혀 관련이 없어 보이는 분야를 자신만의 독특한 해석으로 기가 막히게 연결을 잘 시켰다. 우리는 종합시험을 준비하고 있었는데 그분과 같이 그룹을 지어 공부했다. 종합시험에는 주관식 문제가 4문제 정도 출제될 예정이었다. 나는 예상문제인 각각의 문제에 대해서 고민하고 생각하며 시험준비를 하고 있었다.

하루는 그분과 같이 공부를 하고 있었는데 그분은 4개의 예상문제를 모두 연결시켜 자신의 생각을 우리에게 들려주었다. 그분의 이야기를 듣고 깜짝 놀랐다. 나는 각 문제가 별개라고 생각하고 한 번에 한 문제씩에 대해서만 생각하고 고민하던 중이었다. 그런데 그분은 모든 문제를 아주 정확하게 연결시키면서 독창적이고 창의적인 자신만의 생각을 하고 있던 것이었다. 들어 보니 정말로 각 문제가 정확하게 연결된 것을 알 수 있었다. 그분은 직장인 은행에서도 능력을 인정받아 그 은행에서 그분을 위해 별도의 계열사를 만들어 맡게 되었고 지금은 그 회사 사장으로 근무하고 있다.

그분은 어떻게 그렇게 해박한 지식과 넓은 시야를 가질 수 있었을까? 아마 다양한 지식을 쌓은 덕분에 공부를 잘하고 일도 잘 할 수 있었던 것이 아닌가 하는 생각이 든다. 특히 지금 기업에서 필요한 사람은 독특한 아이디어가 있고 남들이 생각할 수 없는 새로운 생각을 할 수 있는 사람이다. 그러나 이런 생각은 공부를 하지 않으면 할 수 없다.

최근에 중시되는 창의력도 마찬가지다. 공부를 해야 창의력도 가질 수 있는 법이다. 아는 지식이 없는데 어떻게 창의적인 생각이 나올 수 있겠는가? 창의력을 높이려면 다양한 공부를 해야 한다. 다양한 공부를 함으로써 서로 연결하고 융합시킬 수 있기 때문이다. 어차피 창의력은 다양한 지식들을 연결시키는 것이다. 세상에 완벽하게 새로운 것은 거의 없다. 새로운 것도 알고 보면 기존에 있던 것을 조금씩 발전시킨 경우가 대부분이다.

스티브 잡스가 개발한 스마트폰도 알고 보면 여러 가지 제품들을 연결시킨 제품에 불과하다. 그러나 사람들은 그것을 대단히 창의적인 제품이라고 생각한다.

스티브 잡스는 어떻게 창의적인 사람이 될 수 있었을까? 그는 캘리그래피Calligraphy(서양식 서예)의 아름다움에 빠져 혼자 공부하였을 뿐만 아니라 장기간 인도를 여행하는 동안 불교에 심취해 깊이 있는 공부를 하였다. 이런 다양한 공부가 '아이폰' 이라는 창의적인 제품에 반영되었던 것이다.

이처럼 다양한 공부를 하면 문제 해결 능력이 향상되고 복잡한 상황에 적절하게 대응할 수 있는 능력도 생긴다. 특히 4차 산업혁명시대에는 공부의 중요성이 더욱 커진다. 공부를 해야 다가오는 시대에 뒤처지지 않는 인재로 성장할 수 있다.

#4 _ 무엇이든 공부하라

　　우리는 어떤 공부를 해야 할까? 공부의 범위는 너무나 광범위하다. 세상의 모든 것이 공부이기 때문이다. 따라서 우리가 할 수 있는 공부는 무한하다. 공부를 싫어하는 사람이라면 어떻게 해야 할까? 싫어하는 공부를 억지로 할 수는 없다. 하지만 잘 찾아보면 자신이 조금이라도 관심이 있는 분야가 반드시 있을 것이다.

　　학창시절에 공부를 좋아하지 않아 대학을 가지 않았다 해도 지금 하고 있는 일에 대한 공부를 시작할 수 있다. 요즘 배달업이 한창 인기를 끌고 있으니 오토바이로 음식을 배달하는 일을 예로 들어 보겠다. 이 일을 잘하기 위해서도 많은 공부를 할 수 있다. 배달 일을 잘하기 위한 첫번째 조건이 무엇일까? 첫번째로 생각할 수 있는 것은 길을 잘 아는 것이다. 먼저 지도를 보고 그 지역의 길을 잘 연구하여 어떤 길로 가면 더 빨리 갈 수 있을지 알아본다. 그리고 동선을 고려해서 어디를 먼저 가고 어디를 다음에 가는 것이 좋을지 판단하여 시간을 아낀다. 두번째로는 음식을 전달할 때 어떤 옷을 입고 어떤 태도로 고객을 대하면 고객이 즐거워하고 재주문을 하게 될지 연구해 본다. 세번째로 단골 고객이 좋아하는 음식이나 취향을 기억해 둔다. 이런 식으로 배달과 관련된 다양한 공부를 하다 보면 배달의 명수가 될 수 있지 않을까?

여기에서 좀 더 확장해 본다면 음식이나 오토바이에 대해 공부해 볼 수도 있고, 배달업 시장의 전망이나 음식점 경영에 대한 공부를 할 수도 있다. 처음에 시작하는 공부는 범위가 좁을 수 있지만 지식이 쌓임에 따라 지속적으로 확장될 수 있고, 공부를 계속하다 보면 좁은 지식이 점점 넓어지게 된다. 공부는 어떤 분야든 할 수 있다. 우리가 단지 그것을 공부로 인식하지 못할 뿐이다.

공부는 한자로 '장인 공(工)'에 '사내 부(夫)'가 합쳐진 말이다. 즉 '꾸준하게 단련시키는 것'이라는 뜻이다. 무엇이든 단련시킬 수 있는 것은 공부가 될 수 있다. 우리는 살아가면서 다양한 경험을 하게 된다. 하지만 단순히 많은 시간이 흐른다고 해서 경험이 내일을 위한 밑거름이 되는 것은 아니다. 공부를 통해 더욱 좋은 경험으로 만들 수 있다면 그것들이 쌓여 인생이 보다 풍요로워질 수 있다.

처음 공부는 한 분야에서 시작하더라도 지속적으로 확장될 수 있다. 나도 그런 경험이 있다. 중학교 시절부터 어학에 관심이 있어 영어공부를 시작하게 되었다. 공부를 통해 영어 실력이 높아지자 어학에 자신감이 생겨 다른 언어에 관심을 갖게 되었다. 그래서 일본어를 배웠고 잘할 수 있게 되었다. 2개의 외국어를 잘하게 되니 다른 외국어에 욕심이 생겼고, 한자를 많이 알다 보니 중국어가 쉽게 느껴졌다. 그래서 중국어를 공부하였고 최종적으로 최고 급수의 HSK 자격증을 따게 되었다.

이런 식으로 공부를 하다 보면 다른 공부와 연결이 된다. 먼저 자신이 관심이 있거나 잘하는 공부로 시작하여 공부하는 분야를 점점 확장해 나갈 수 있다. 처음 시작하는 공부에 자신감이 생기면 다른 공부도 더욱 자신감이 생기기 마련이다. 한 분야에서 공부를 잘할 수 있는 원리를 깨우치게 되면 다른 분야에도 적용시킬 수 있고, 다른 공부도 잘할 수 있는 확률이 높아진다. 그리고 공부를 잘할 수 있는 원리는 대부분 비슷하다. 공부를 잘하는 고수를 보면 대체로 한 분야만 잘하는 것이 아니라 다양한 분야를 잘한다.

그럼 공부는 어디에서 시작되었을까? 나는 모든 공부의 시작은 철학에서 시작되었다고 생각한다. 철학은 무엇인가에 대해서 생각하는 것이다. 처음의 생각이 점점 그 범위를 확대해 가며 철학에서 분리되어 다른 학문으로 발전된 것이다. 그리고 그 학문이 넓어짐에 따라 또다시 다른 학문으로 분화되어 발전되었다. 이런 식으로 모든 학문은 철학에 기반을 두고 있다. 그래서 박사학위를 영어로 'PH.D Doctor of Philosophy'라고 하는 것이다. 결국 모든 학문은 서로 연관되어 있기 때문에 한 분야를 잘하면 다른 분야도 잘할 수 있다.

우리는 공부할 때 생각하는 능력을 길러야 한다. 모든 학문은 깊이 생각해야 원리를 깨닫고 잘할 수 있다. 특히 지금과 같은 4차 산업혁명시대에는 생각하는 능력을 갖추고 그 생각을 바탕으로 상상할 수 있는 능력을 키워야 AI에 대체되지 않고 살아남을 수 있다. 바로 이런 생각하고 상상하는 능력이 공부의 근원이기도 하다.

이시형 박사는 〈공부하는 독종이 살아남는다〉라는 책에서 문제를 발견하고, 연구하고, 해결하는 것까지 모두가 창조적 공부과정이며 본질이라고 얘기하였다. 문제를 발견하기 위해서는 생각하고 상상할 수 있어야만 한다. 연구할 때와 해결할 때도 마찬가지다. 어떤 학문이든 깊이 생각하고 꼬리에 꼬리를 물고 파고들다 보면 해답이 나오게 되어 있다. 공부는 모든 것을 알아가는 과정이므로 어떤 것이든 배움을 두려워해서는 안 된다. 특히 4차 산업혁명시대에는 산업의 경계뿐 아니라 학문의 경계도 모호해질 것이므로 과거처럼 한 분야만 알아서는 경쟁력이 떨어질 수밖에 없다. 한 분야의 전문가이면서 모든 분야를 어느 정도 알아야만 한다. 그래야 4차 산업혁명시대에서 살아남을 수 있다.

40대 후반에서 50대 초반인 사람들은 대체로 이 나이에 무슨 공부를 하냐고 한다. 그들은 나이가 먹어서 머리가 굳었다, 기억력이 떨어졌다 하는 핑계를 댄다. 그러나 사람은 나이를 먹을수록 경험과 지식이 쌓이고 뇌는 사용할수록 더욱 활성화된다. 따라서 중년이 공부하기에 더 적합한 나이다. 공부의 대가들은 죽을 때까지 공부에 전념하여 나이가 들수록 공부의 깊이와 넓이가 더욱 확장된다. 그런데 우리나라에서는 40~50대가 되면 문해율(글을 읽고 이해하는 비율)이 급격하게 떨어진다. 그 이유는 공부를 하지 않기 때문이다. 20대에 문해율이 가장 높은데, 20대까지는 공부를 열심히 한다. 그러나 직장에 들어간 뒤로는 공부를 게을리하기 시작하여 직장에서 문제해결 능력이 떨어지게 된다. 공부를 하면 변화에 잘 적응할 수 있게 문턱을 낮추는 효과도 있다. 이처럼 공부의 힘은 엄청나다.

앞으로 나는 공부를 지속적으로 할 계획이다. 공부를 꾸준하게 함으로써 매일 성장하는 삶을 살고 싶다. 여러분도 왜 공부를 해야 하는지 깨우치기를 기대해 본다.

#5 _ 독서를 통한 공부

독서는 공부의 기본이다. 우리는 독서를 통해 다양한 지식을 습득한다. 독서는 누구나 할 수 있지만 스마트폰의 영향으로 사람들의 독서량은 날이 갈수록 줄고 있다. 이에 따라 출판시장도 크게 위축된 실정이다. 독서량의 감소는 개인뿐만 아니라 국가 경쟁력도 저하시킨다. 참으로 심각한 상황이다. 선진국들을 보면 독서량이 많은 것을 알 수 있다. 독서량에 비례해 국가 경쟁력도 높아진다. 독서를 하지 않는 것은 공부를 하지 않는 것과 같다. 공부를 하지 않으니 세상의 변화에 대한 적응도 어렵다. 지금은 눈 깜작할 사이에 많은 것들이 변화하는 시기다. 이런 시기에 독서를 하지 않는 것은 시대에 뒤쳐지는 것이다. 독서를 함으로써 다양한 지식을 습득할 수 있을 뿐만 아니라 사고할 수 있는 능력도 키울 수 있다. 그래서 독서가 공부의 기본인 것이다.

독서를 통해 공부를 재미있게 할 수 있다. 독서가 취미인 사람 중에 공부를 잘 못하는 사람은 거의 없다. 독서는 세상에 대해 알아가는 과정이다. 나도 독서를 많이 하고 있으며 독서를 할 때마다 알게 모르게 많은 기쁨과 재미를 느낀다. 독서를 통해 세상에 대해 더 깊이 알아가는 과정이야말로 무엇과도 바꿀 수 없는 즐거움이다. 독서를 하면 어떤 때는 시간이 가는지도 모르고 몰입하되는 경우도 있다. 인간은 몰입Flow의 상태가 되면 행복감을 느끼게 된다고 한다. 도서관에서 독서에 열중하고 있는데 어느새 도서관이 문 닫을 시간이 되어 주위에 아무도 없고, 집에 돌아가며 뿌듯함을 느낀 경험을 해 보았다면 이해가 갈 것이다.

독서를 많이 하면 문해율이 높아진다. 다양한 배경지식이 많아져 이해가 빨라지기 때문이다. 남들이 책 한 권을 읽을 때 나는 두 권을 읽을 수 있게 된다. 그렇게 독서를 통해 지식이 확장되다가 어느 순간 임계점을 넘으면 지식의 폭발이 일어난다. 그렇게 되면 전문가의 경지에 이르게 된다. 이에 따라 자신에 대한 만족감은 높아지고 남들로부터 전문가로 인정받게 된다. 물론 이런 과정이 쉬운 것은 아니다. 처음에는 아무리 열심히 해도 지식과 실력이 정체된 느낌이 든다. 그러나 포기하지 않고 지속적으로 하게 되면 어느 순간 지식과 실력은 급성장하게 된다. 대부분의 사람들이 이 단계에 오르기 전에 포기하게 된다. 그래서 어느 분야든 전문가는 소수에 불과한 것이다.

독서를 꾸준하게 하기 위해서는 어떻게 해야 할까? 우리의 뇌는 변화를 싫어한다. 평소에 독서를 하지 않던 사람이 갑작스럽게 하루에 1-2시간 독서를 하는 것은 쉬운 일이 아니다. 뇌가 그것을 거부하기 때문이다. 따라서 하루에 1-2시간이 아니라 하루에 1-2 페이지씩 꾸준히 책을 읽는 것이 도움이 된다. 이렇게 하루에 1-2 페이지씩 독서를 하게 되면 뇌는 이것이 변화라고 생각하지 못한다. 하루에 1-2페이지 책을 읽는 건 누구나 할 수 있다. 1-2페이지의 독서를 오랫동안 지속한 다음에는 조금씩 페이지를 늘려 하루에 5-10페이지를 읽는다. 이런 식으로 단계별로 페이지를 늘려가다 보면 습관이 되어 보다 수월하게 독서를 할 수 있고 나중에는 하루에 1-2시간씩 할 수 있게 된다.

직장인의 경우 하루에 1-2시간을 내는 것은 쉬운 일이 아니다. 하지만 우리는 알게 모르게 자투리 시간을 소모적으로 보내는 경우가 많다. 예를 들면 출퇴근 시간이나 점심을 먹고 남는 시간 말이다. 이런 시간을 적절하게 활용하면 하루에 1-2시간은 충분히 낼 수 있다. 자투리 시간을 잘 활용해서 독서를 하면 독서를 하지 않는 사람과의 차이는 갈수록 벌어진다.

독서가 어떻게 공부가 될까? 독서는 공부와 마찬가지로 지식을 쌓음으로써 세상을 알아가는 과정이다. 책을 통해서 많은 분야를 배울 수 있으므로 독서를 통해 공부하는 것과 같은 효과를 얻을 수 있다. 독서가 바로 공부인 것이다. 나는 독서를 통해 공부를 보다 효과적이고 효율적으로 할 수 있다고 생각한다. 독서를 통해 한 분야의 책을 200권 정도 읽으면 누구나 그 분야의 전문가가 될 수 있다. 독서야말로 공부를 재미있고 유익하게 할 수 있는 방법이다. 독서를 통해 사고력과 의식수준을 높일 수 있으며 그에 따라 공부를 더 잘할 수 있게 된다. 공부를 하는 것도 생각하는 능력을 키우고 의식수준을 높이는 과정이다. 따라서 독서와 공부는 같은 것이라고도 말할 수 있다.

어떻게 하면 독서를 효과적으로 할 수 있을까? 먼저 책을 읽고 저자의 생각을 받아들인다. 그 다음은 자신의 생각과 저자의 생각을 비교해 보고 자신의 생각을 갖는다. 마지막으로 책에 대한 자기의 생각을 글로 적어본다. 나아가 자신의 글을 다른 사람들에게 강의나 말로 전달해 보면 더욱 효과적이다. (그러나 이 방법은 대상이 있어야 하기 때문에 쉽지 않다.) 어쨌든 이런 식으로 독서를 진행한다면 자신에게 남는 독서를 할 수 있다. 그냥 읽기만 해서는 불과 일주일이 지나면 책 내용을 대부분 잊어버리고 만다. 물론 읽기만 해도 조금은 도움이 되겠지만 효과적인 독서는 아니다.

크게 성공한 사람들은 어떤 독서습관을 가졌을까? 손정의는 사업을 시작한 뒤 B형 만성간염이라는 난치병을 얻어 병원에 입원하게 되었다. 처음에는 크게 낙심하여 아무것도 제대로 할 수 없었지만 6개월 뒤 독서를 하기로 마음을 먹었다. 이런 독서의 시간이 다시 오기는 어렵기 때문이다. 그래서 그는 독서를 시작하여 4천 권 정도의 책을 읽었다. 비즈니스 관련 도서와 역사책들도 읽었지만 위인들의 성공담을 좋아해서 그런 책들을 많이 읽었다고 한다.

빌 게이츠Bill Gates는 대학시절에 늘 책을 몇 권씩 들고 다니며 매년 300권 정도의 책을 읽었다. 친구들이 그를 'Prn Print(인쇄물)'이라는 별명으로 부를 정도로 그는 학교에서 책벌레로 통했다. "오늘날 나를 만든 것은 동네 도서관이다."라는 그의 말은 유명하다. 그는 매일 저녁마다 1시간씩 책을 읽고 주말에는 3-4시간씩 책을 읽는다. 이런 독서습관은 지식과 안목을 크게 넓히는 데 도움을 주었고 결과적으로 그는 사업에서 크게 성공할 수 있었다.

안철수는 어릴 때부터 독서광으로 알려져 있다. 그는 세상의 많은 것들을 독서를 통해 습득하였다. 바둑도 마찬가지다. 그는 기원에 가는 대신 서점에서 산 책을 통해 바둑을 배웠다. 그리고 무려 50권의 책을 읽고 실전에 돌입하였다. 처음에는 어려움을 겪었지만 불과 1년만에 1-2단 정도의 실력을 쌓고 대학 기숙사 바둑대회에서 우승하기도 하였다. 책을 통해 이론적 기초를 튼튼히 쌓았기 때문에 단기간에 실력이 급상승할 수 있었다.

이처럼 성공한 사람들은 책을 가까이한 것을 알 수 있다. 독서를 통해 세상의 많은 것들에 대한 이치를 깨닫고 자신의 분야에서 성공할 수 있었다. 책은 지식의 보고이며 독서는 지식을 얻을 수 있는 가장 유용한 수단이다. 특히 성인이라면 독서를 통한 공부를 추천한다. 독서는 무엇보다 효과적인 공부법이며 장소에 상관없이 어디서든 할 수 있다. 여러분도 독서를 통해 성장해 나가기를 바란다.

PART 3

돈

자본주의 사회에서는
돈이 인생을 살아가는 데
반드시 필요한 중요한 수단이다

도시생활에서 돈이 없다면 기본적으로 인간다운 삶을 살아갈 수 없다. 물론 돈은 인생의 목적이 될 수 없다. 그리고 돈은 정당한 방법으로 벌어야만 그 가치를 발휘하는 법이다. 부정적인 방법으로 돈을 번다면 아무리 돈이 많아도 자신에게 떳떳할 수 없다.

누구나 쉽게 부자가 될 수는 없다. 하지만 돈을 절약하고 귀하게 여기는 습관을 들이면 부자가 되는 길에 가까워질 수 있을 것이다. 부자들은 돈을 절약하는 습관이 있다. 그리고 바로 그것이 그들이 부를 축적한 비결 중 하나일 것이다.

많은 돈을 벌기 위해서는 직장소득에만 의존하기보다는 적절한 곳에 투자를 잘해야 한다. 아울러 돈을 버는 것도 중요하지만 돈을 어떻게 쓸 것인지도 중요하다. 만약 돈을 벌어서 사회에 도움이 되는 방향으로 쓴다면 그 돈은 더욱 값진 돈이 될 것이다.

#1 _ 자본주의 사회에서 돈이란?

　　돈이란 무엇인가? 돈이란 화폐를 말하며 물건을 교환할 수 있는 수단이다. 자본주의 사회는 돈으로 돌아가는 사회라 할 수 있다. 돈이 없으면 자본주의 사회는 원활하게 돌아가지 않는다. 16년 전 바레인Bahrain에 갔을 때 사업 파트너에게서 들은 얘기다. 그와 함께 택시를 타고 목적지로 가는 도중에 어떤 얘기를 듣고 '자본주의가 바로 이런 것이구나!'라는 느낌을 확실히 받았다. 그 얘기는 다음과 같다.

　　그는 자본주의 사회는 돈으로 돌아가는 사회라고 하였다. 만약 지금 우리가 탄 택시를 운전하는 기사가 돈이 많다면 과연 그 기사가 택시를 모는 일을 하겠느냐고 그가 나에게 물었다. 곰곰이 생각해 보니 내가 기사라도 돈이 많아 더 이상 돈이 필요가 없다면 굳이 택시를 몰지 않을 것 같았다. 이처럼 자본주의는 누구나 생활하면서 돈이 필요하게 만들어 그 일을 할 수밖에 없게 한다는 것이다. 생각해 보니 정말 그랬다. 택시 기사들이 먹고살 걱정이 없을 만큼 돈이 충분해서 그 일을 하지 않으면 어떻게 될까? 우리는 일상생활에서 매우 불편함을 느낄 수밖에 없을 것이다. 택시 기사뿐만 아니라 다른 일을 하는 사람들도 마찬가지다. 그들이 돈이 많아서 더 이상 일을 하지 않으면 자본주의 사회는 더 이상 기능하지 않게 될 것이다.

자본주의 사회에서 살아가려면 돈이 필요하다. 도시에서 살면서 돈이 없다면 생활 자체가 불가능하다. 몸을 조금만 움직이려 해도 돈이 필요하다. 자본주의 사회는 우리가 어떻게든 돈을 벌려고 노력하게 만든다. 다시 말해서 돈은 우리가 일을 하게 만드는 동력이다. 그러나 돈은 수단일 뿐이다. 돈을 목적으로 생각하면 불행해질 수 있다. 돈이 목적이 되면 건전하지 않은 방법으로 돈을 벌 위험성도 있기 때문이다. 그렇게 되면 자본주의 사회는 무조건 돈을 벌기 위한 사회가 될 것이 분명하다. 그럼 어떻게 될까? 인간의 존엄은 위협을 받게 되고 각종 불법이나 탈법이 성행할 가능성이 크다. 이런 사회는 절대 올바른 사회가 될 수 없다. 돈은 단지 자신이 원하는 것을 얻기 위한 수단에 불과하다. 돈이 없다면 불편하겠지만 돈이 많다고 해서 무조건 행복해지는 건 아니다. 물건의 가치는 얻은 다음 시간이 어느 정도 흐르면 더 이상 그것에 대한 가치를 느끼기 힘들기 때문이다.

자본주의 사회에서 돈은 어떻게 흐를까? 과거보다 현재 빈익빈 부익부 현상이 두드러지게 나타나고 있다. 즉 양극화가 더욱 진행되고 있다. 지금 사회를 보면 시간이 흐를수록 중산층은 더욱 적어지고 저소득층과 고소득층은 계속해서 늘고 있다. 자본주의 사회는 갈수록 이런 현상이 강화될 수밖에 없다. 돈을 많이 벌면 나중에는 돈이 돈을 버는 구조가 된다. 즉 일을 하지 않아도 돈은 계속해서 늘어난다. 특히 부자들은 일반사람들보다 정보가 빠르고 그들끼리 서로 고급정보를 교환한다. 이런 고급정보들은 그들을 더욱 부자가 되게 만든다.

그러나 가난한 사람들은 많은 돈을 벌지 못하고 그 돈도 집세와 생활비에 대부분 소진하게 된다. 그래서 더욱 돈을 모으기가 힘들어진다. 많은 중산층도 소수의 고액 연봉자를 제외하면 직장만 다녀서는 부자가 될 수 없다. 직장에서는 먹고살 수 있을 정도의 돈만 준다. 부자가 되기 위해서는 사업을 하거나 투자를 해야만 한다. 물론 사업을 하거나 투자를 한다고 해서 누구나 부자가 될 수는 없다. 사업과 투자를 잘하기 위해서는 많은 공부를 해야 하며 운도 따라야 한다.

그러나 투자를 해야 하는 이유는 분명하다. 저축을 해도 금리가 과거처럼 높지 않기 때문에 돈이 불어나는 속도는 느리다. 그리고 물가는 오를 수밖에 없다. 그 이유는 계속해서 돈을 발행하여 시간이 지날수록 시장에 돈이 많이 풀리기 때문이다. 그렇게 되면 돈의 가치는 떨어질 수밖에 없다. 그래서 부동산 같은 실물자산에 투자하면 나중에 그 가치는 물가상승률보다 훨씬 높게 상승한다. 이것은 부동산뿐만이 아니다. 우리가 먹고 마시고 입는 모든 것들이 과거보다 가격이 많이 올랐다. 물론 무조건 오른다는 건 아니다. 경제위기가 찾아오면 부동산이나 모든 물건의 가치가 일정기간 떨어질 수는 있다. 그러나 경제위기가 지나고 나면 반드시 다시 오르게 되어 있다.

그럼 사업을 하는 것은 어떨까? 물론 지금 같은 시기에 사업이 쉽지는 않다. 그러나 사업이야말로 돈을 크게 벌 수 있는 수단이다. 자본주의 사회에는 생산자와 소비자가 있다. 그럼 소비자가 부자가 될까? 아니면 생산자가 부자가 될까? 당연히 생산자가 되어야 부자가 될 수 있다. 생산자가 되어 소비자에게 가격 이상의 가치를 줄 수 있다면 돈을 벌 수 있다. 로버트 기요사키Robert Toru Kiyosaki 의 베스트셀러 〈부자 아빠 가난한 아빠〉에도 왼쪽 사분면의 직장인과 자영업자는 부자가 될 수 없고 오른쪽 사분면의 사업가나 투자가가 되어야 부자가 될 수 있다고 나와 있다. 자본주의 사회에서는 어쩔 수 없는 현실이다.

누구나 부자가 되고 싶을 것이다. 그러나 누구나 부자가 될 수는 없다. (부자가 되면 대부분 일을 하지 않으려 하기에 누구나 부자가 되는 것이 바람직하지도 않다.) 부자가 되기 위해서는 그만큼의 대가를 지불할 수 있어야 한다. 만약 대가를 지불하지 않고 돈을 벌게 된다면 그 돈을 계속해서 유지하기가 어려울 것이다. 또한, 부자라고 해서 모든 것을 다 얻을 수도 없다. 사랑, 우정, 행복, 건강처럼 돈으로 살 수 없는 것도 인생에는 많이 있다. 이런 것들은 돈으로 일부는 얻을 수 있겠지만 완벽하게 얻을 수는 없다. 그리고 이것들은 인생에서 돈보다 더 가치 있는 것들일 수도 있다. 마이클 샌델 Michael J. Sandel 교수가 쓴 〈돈으로 살 수 없는 것들〉에 나온 것처럼 지금의 자본주의 사회에서는 돈으로 살 수 있는 것들이 더욱 증가하고 있다. 따라서 부자들은 돈으로 다양한 혜택을 누릴 수 있는 분야가 더욱 많아졌다. 이렇게 되면 가난한 사람들은 더욱 손해를 볼 수밖에 없다. 우리가 더 좋은 사회에서 살아가기 위해 돈으로 살 수 없는 것들을 정할 필요가 있지 않을까?

자본주의 사회에서 부자가 되는 것은 누구나 원하는 바다. 부자여서 불행해지는 경우는 없지만 가난해서 불행해질 수는 있다. 자본주의 사회에서 돈을 버는 것은 누군가에게 가치를 제공하는 일이다. 제공하는 가치가 클수록 돈을 더 많이 벌 수 있다. 따라서 돈을 많이 번다는 것은 사회의 이익을 위해 가치를 더 많이 제공한 것이다. (물론 불법이나 비도덕적으로 버는 것은 제외한다.)

그럼 돈을 많이 벌기만 하면 되는 걸까? 돈을 버는 것도 중요하지만 번 돈을 어떻게 쓰는가 하는 것은 더욱 중요하다. 어렵게 번 돈을 무가치하게 쓴다면 어떨까? 아마도 그래서 많은 부자들이 사람들로부터 지탄의 대상이 되는지도 모른다. 돈은 가치 있게 써야만 그 효용이 극대화될 수 있다. 물론 부자라고 해서 기부나 공익을 위해 써야만 한다는 것은 자본주의 사회에서 적절하지 않다. 그러나 돈은 필요한 곳에 적절하게 쓰일 때 그 가치가 더욱 빛난다.

#2 _ 경제적 딜레마

돈은 많이 가질수록 더 갖고 싶은 속성이 있다. 세상에 돈을 많이 갖는 것을 싫어하는 사람이 있을까? 나 역시 돈을 더 많이 갖고 싶어 하고, 돈 때문에 스트레스를 받는 일이 없기를 바란다. 그리고 돈 때문에 불편함을 느끼고 싶지도 않다. 대부분의 사람들 역시 나와 마찬가지일 것이다.

직장인들의 로망이 건물주라고 한다. 직장을 그만두더라도 생활에 전혀 문제가 없을 테니 건물주가 되고 싶다는 것이다. 돈 때문에 생계에 문제가 생긴다면 다른 일에 집중하기 어려워진다. 지금 빈민국가에서 수백만 명이 굶주리고 있다는 사실보다 돈이 없어 치료받지 못하는 자신의 치통이 더 신경쓰이는 것이 보통사람들의 마음이다. 세상을 위해 큰 일을 하고 싶어도 자신의 경제 문제를 해결하지 못하면 그 일을 하기 어렵다. 인간은 기본적인 욕구가 채워져야 다른 것도 생각할 수 있다.

그럼 경제적 자유란 어떤 것일까? 돈 때문에 할 수 없는 일이 없고, 일을 하는 데 돈의 구애를 받지 않는 것을 말한다. 또한 자신이 싫은 일은 안 할 수도 있다. 하지만 대부분의 사람들은 돈 때문에 원하는 대로 하지 못하는 경우가 많다. 물건을 살 때 돈이 모자라서 더 좋은 물건을 사지 못하는 것도 돈의 구속에서 벗어나지 못하는 것이다. 경제적으로 자유롭다면 마음이 편해지고 너그러워질 수 있다.

그렇다면 경제적 자유를 누리기 위해서 어떻게 해야 할까? 근로소득으로는 한계가 있다. 근로소득은 자신의 노동과 시간을 돈으로 바꾸는 것이기에 경제적 자유를 누리기 어렵다. 경제적 자유를 누리기 위해서는 기본적으로 자본소득이 있어야 한다. 자본소득이란 투자를 통해 돈이 돈을 버는 구조를 만드는 것이다. 즉 내가 일하지 않고도 돈을 벌 수 있는 구조다. 어떻게 보면 불로소득이라 할 수 있지만 그런 시스템을 만들기 위해서는 그만한 노력과 시간을 투자해야만 한다. 처음 종잣돈을 모으기가 어렵지 돈이 어떤 수준에 이르면 돈이 돈을 버는 구조로 바뀐다. 하지만 대부분의 사람들은 직장을 다니면서 근로소득으로 생계를 유지한다. 물론 직장을 다니면서 투자를 위해 종잣돈을 모을 수는 있다. 그러나 특별한 경우를 제외하고는 근로소득만으로는 경제적으로 자유로울 수 없다.

과거에는 종신고용이 일반적이어서 정년까지 무난히 직장을 다닐 수 있었다. 수명도 지금처럼 길지 않았기 때문에 은퇴하고 5-10년 정도만 퇴직금이나 연금으로 버티면 그럭저럭 문제없이 살 수 있었다. 그러나 지금은 어떤가? 대부분의 직장인들이 직장 생활을 정년까지 할 수가 없다. 일반 사기업이라면 50세가 넘으면 눈치를 봐야 하고 회사를 나올 수밖에 없다. 그런데 우리의 수명은 지속적으로 늘어서 어느새 100세 시대에 다가섰다. 50년 가까이 소득 없이 보내게 될 위험에 처한 것이다. 은퇴할 때까지 대략 10억원 정도를 모아야 일하지 않고도 그 돈으로 죽을 때까지 어느 정도 여유롭게 살 수 있다. 그러나 지금 우리의 가구당 평균 재산은 빚을 빼면 대략 4억원이 채 되지 않는다. 그럼 은퇴 후에 100세까지 어떻게 살아야 할까?

지금 한국은 노인 두 명당 한 명 정도가 빈곤층에 속한다고 한다. 전 세계에서 가장 심각한 상황이라 할 수 있다. 앞으로는 더 심해질지도 모른다. 한국의 복지제도는 선진국에 비해 열악한 상황이다. 따라서 자신의 노후는 자신이 준비해야만 한다. 그렇지 않으면 노인이 되었을 때 후회하게 된다. 그렇다면 일자리는 어떤가? 65세가 넘으면 아무리 스펙이 좋아도 괜찮은 일자리를 구할 수 있는 사람은 극소수에 불과하다. 한 달에 백만원을 받을 수 있는 일자리조차 구하기가 쉽지 않다. 거리에서 수레로 폐지를 모아 생계를 꾸리는 노인의 모습이 나의 미래의 모습일 수 있다. 한 신문에 다음과 같은 기사가 실렸다.

박모 할머니(78)는 시흥에 살면서 강남까지 2시간을 걸려 출퇴근하며 오전 9시부터 저녁 6시까지 거리에서 폐지를 줍는다. 시흥에 살면서 강남에서 폐지를 줍는 이유는 강남이 부자동네여서 폐지가 많기 때문이라고 한다. 작은 몸으로 끌고 있는 손수레는 폐지 무게까지 더하면 180킬로그램에 이른다. 할머니는 하루 8시간 이상 거리에서 폐지를 모으는 일을 하고 있다. 하지만 온종일 모은 폐지를 고물상에 전달하고 나서 받는 돈은 고작 1만 5천원이라고 한다. 점심식사는 주위 식당에서 얻어먹거나 슈퍼마켓에서 유통기한이 지난 빵과 두유를 얻어먹는다고 한다. 그나마 먹을 수 있는 날은 운이 좋은 날이라고 한다. 먹는 시간도 아까워 대충 끼니를 때운다. 그동안 제대로 된 점심식사를 한 적이 거의 없다고 한다. 폐지를 줍는 동안 시시때때로 좁은 골목에서 고급 승용차들의 위협도 받는다. 3년 전에는 차에 치여 3년 동안 일어나지도 못했다고 한다.

경제적 어려움 때문에 일가족이 동반자살하는 일은 어제 오늘의 일이 아니다. 많은 사람들이 경제불황으로 어려움을 겪고 있기에 주위에 도움을 청하는 것도 쉽지 않다. 우리나라에는 복지의 사각지대에 놓인 사람들이 많다. 이처럼 돈은 인간의 생명까지 위협한다. 돈이 무엇이기에 인간을 이토록 비참하게 만들까?

나는 돈 때문에 죽고 싶을 정도로 고통을 받은 적은 없지만 그래도 상당한 어려움을 겪어보았다. 교수를 그만둔 뒤 재정적 어려움을 겪었다. 직장에 다닐 때에는 매달 일정 급여가 통장으로 들어오는 것을 당연하게 여겼다. 그러나 직장을 다니지 않으니 백만원이 정말 큰 돈이라는 사실을 깨달았고 돈 벌기가 쉽지 않다는 것을 경험했다. 그래서 더욱 돈에 매달리는지도 모르겠다. 돈이 없어 생계가 위협받으면 신경이 날카로워진다. 모든 일에 주눅이 들고 짜증과 스트레스는 증가한다.

지금은 경제불황이 더욱 심해지고 있어 돈을 필요로 하는 사람들이 정말 많다. 최근 각종 대출기관으로부터 광고 전화를 자주 받는다. 거리를 걷다 보면 불법대출기관의 전단지가 거리 곳곳에 널려 있는 것을 본다. 심각한 불황이라 정말 돈이 급하게 필요한 사람들은 이용할 것 같다는 생각이 들기도 한다.

나와 같은 세대의 사람들은 앞날이 걱정이다. 일단 회사를 나오는 순간 빈곤층으로 추락할 가능성이 크다. 지금 내 친구들은 대부분 직장에서 대략 6-7천만원 정도의 연봉을 받고 있다. 그런데 직장을 나오게 되면 한 달에 200만원 벌기도 쉽지 않다. 그럼 생활이 유지되지 않는다. 보유중인 집을 팔거나 전세를 살고 있다면 더 싼 곳으로 옮겨 돈을 마련해야 될지도 모른다. 그러나 그

뒤가 더 문제다. 단순한 노동일을 얻기조차 어려워지면 무엇을 해야 할까? 알다시피 준비가 되어 있지 않은 상황에서 사업을 시작하는 것은 큰 자본이 들어 더욱 위험할 수 있다. 장사를 하기도 만만치 않다. 불황이라 장사가 잘 되지 않을 가능성이 더 크다. 그럼 무엇을 하면서 살아가야 한단 말인가? 실제로 내 주변에는 이런 문제로 인해 밤잠을 설칠 정도로 고민하고 있는 사람들이 많다.

그럼 대학을 졸업하고 직장을 구하는 청년들은 어떨까? 많은 청년들이 직장을 구하지 못해 애를 먹고 있다. 젊은이들이 직장에 들어가 돈을 벌지 못하면 앞으로의 긴 시간을 어떻게 살아갈까? 설사 비정규직으로 취업하거나 아르바이트를 하더라도 버는 돈에서 생활비와 집세를 빼고 나면 남는 게 거의 없다. 참으로 먹고살기 힘든 세상이다. 그러니 연애는 고사하고 결혼도 포기해서 출산율도 계속 낮아지고 있다. 그렇다고 모든 문제를 환경의 탓으로 돌릴 수는 없다. 어떻게든 스스로의 힘으로 인생을 살아가야 한다. 아무도 자신의 생계를 대신 책임져주지 않으므로 치열하게 살아야 한다. 나도 예외가 아니다.

#3 _ 돈의 가치

　　돈은 돌고 돈다. 그래서 돈이라고 하는지도 모른다. 어떤 사람에게는 돈이 가치 있게 쓰이지만 어떤 사람에게는 그렇지 않다. 우리는 경제활동을 통해 돈을 벌게 된다. 자신의 노동을 제공하고 받게 되는 것이 바로 돈이다. 돈은 누구에게나 필요하다. 그러나 사람마다 느끼는 돈의 가치는 다르다. 돈을 귀하게 여기는 사람이 있는가 하면 돈을 헤프게 쓰는 사람도 있다. 돈을 힘들게 모은 사람일수록 돈을 귀하게 여기고 함부로 쓰지 않는다. 그래서 졸부가 아닌 이상 부자들이 더 돈을 소중하게 여기는지도 모른다. 돈을 힘들게 모았으니 돈의 가치를 크게 보고, 적은 돈이라도 소중하게 여긴다.

　　돈이 없으면 모든 것에 가치를 매기기 어렵다. 돈이라는 가치척도가 있기 때문에 어떤 것이든 그만큼의 가치가 매겨진다. 그리고 사람마다 생각하는 돈의 가치가 다르다. 천만원은 어떤 사람에게는 큰 돈이지만 어떤 사람에게는 작은 돈일 수 있다. 천만원이나 하는 가구를 사는 것이 그만큼의 가치가 없을 수도 있고, 백만원이라도 기부를 하면 천만원 이상의 가치가 있을 수도 있다. 돈의 가치는 쓰는 사람에 의해 결정되는 것이다.

물론 인플레이션에 의해 돈의 가치가 떨어질 수도 있다. 시중에 많은 돈이 풀리면 인플레이션이 발생해서 돈의 가치는 당연히 떨어지게 된다. 아울러 환율에 의해 화폐의 가치가 떨어질 수도 있다. 예를 들어 과거에 1달러당 천원에 교환되었는데 어느 날 1달러에 천백원으로 교환된다면 우리나라 화폐가치가 떨어진 것이다. 우리가 하는 일도 돈의 가치로 교환된다. 만약 내가 하는 일이 하루에 십만원의 가치를 창출하였다면 십만원을 받게 된다. 물론 업무기술을 연마하거나 일을 더 열심히 하면 이십만원의 가치로 바꿀 수도 있다.

우리는 살아가면서 돈을 벌기 어렵다고 종종 말한다. 돈을 번다는 것은 그만큼의 가치를 누군가에게 제공하는 것이다. 돈을 벌기 어렵다는 것은 누군가에게 그만큼의 가치를 못 준다는 것이다. 그 누구에게도 돈이 이유 없이 들어오지 않는다. 세상에 공짜는 없는 법이다. 우리는 상호간에 가치를 주고받으며 그 가치의 대가로 돈을 준다. 따라서 돈을 많이 번다는 것은 그만큼의 가치를 누군가에게 준다는 것을 의미한다. 세상에 돈으로 가치가 매겨지지 않는 것은 거의 없다.

우연히 복권이 당첨되거나 뜻밖의 횡재를 하는 경우도 있다. 그런데 쉽게 들어온 돈은 쉽게 나가는 경우가 흔하다. 복권에 당첨된 사람들이 몇 년 후 다시 무일푼이 되는 경우가 많다. 왜 그럴까? 쉽게 돈을 얻다 보니 그 돈의 가치를 온전하게 느낄 수 없었기 때문일 것이다. 자신이 평생 일을 하면서 아끼고 아껴서 모은 돈이라면 쉽게 탕진할 수 없을 것이다. 그 돈의 가치를 크게 느끼기 때문에 함부로 돈을 쓰지 않을 것이기 때문이다. 공돈이 생긴다면 어떨까? 노력해서 얻은 돈이 아니기 때문에 펑펑 쓸 가능성이 크다. 원래 없었던 돈이라 생각하고 금세 써버린다. 자신이 가치를 제공해서 얻은 돈이 아니기 때문이다.

돈의 가치를 어떻게 하면 높일 수 있을까? 먼저 돈의 소중함을 깨달아야 한다. 적은 돈이라도 소중하게 여기지 않는 사람에게는 돈이 모이지 않는다. 그런 사람들은 부자가 되기 힘들다. 돈은 힘들게 모아야 더욱 가치가 있다. 그래야 돈의 소중함을 알고 함부로 쓰지 않는다. 부자들은 적은 돈일지라도 소중하게 여겼기 때문에 부자가 될 수 있었다. 부자들이 더 돈을 쓰지 않는 경우가 많다. 그리고 어렵게 번 돈이야말로 더욱 가치 있게 쓸 수 있다.

어떻게 하면 돈을 가치 있게 쓸 수 있을까? 돈이란 어떻게 쓰는가에 따라 그 가치가 엄청나게 차이가 난다. 다시 말해서 돈을 쓰는 방식에 따라 돈의 가치가 크게 달라질 수 있다. 돈을 쓰는 다섯 가지 방식을 살펴보자.

첫째, 돈을 해로운 일에 쓰는 것이다. 돈을 잘못 쓰면 사회에 부정적인 영향을 줄 수 있다. 그럼 그 돈은 가치가 있는 것이 아니라 오히려 사회에 피해가 되는 방향으로 흐르게 된다. 예를 들어 A라는 사람이 원한이 있는 B에게 위협을 가하기 위해 C에게 큰 돈을 주고 B에게 피해를 입히게 한다면 어떻겠는가? 이런 식으로 돈을 쓰면 돈의 가치는 전혀 찾아볼 수 없고 오히려 돈이 악이 된다. 하지만 안타깝게도 돈을 해로운 일에 쓰는 일은 생각보다 많다.

둘째, 그다지 필요 없는 사치품이나 자신에게 별로 도움이 안 되는 것에 돈을 써버리는 경우다. 이 때도 돈의 가치는 하락한다. 굳이 살 필요도 없는 물건 구입에 돈을 낭비해 버리거나 과도한 술값을 지불하는 것 등이다. 굳이 필요 없는 비싼 사치품을 사거나 술값을 지불하는 건 과시욕 때문이다. 그러나 남을 의식하면서 돈을 헛되이 쓰는 건 행복을 주지 못한다.

셋째, 일상생활에 필요한 물건이나 서비스를 구입하는 경우다. 이건 누구나 살면서 필요하다. 일상생활을 영위하며 필요한 물건이나 서비스의 구입은 반드시 필요하다. 꼭 필요한 것을 구입하기 때문에 적절한 가격으로 구입한다면 문제가 없다.

넷째, 자신의 성장을 위해서 쓰는 경우다. 이것은 돈을 가치 있게 쓰는 경우라 할 수 있다. 예를 들면 자신의 건강을 위해 쓴다거나, 자신을 향상시킬 수 있는 뭔가를 배우기 위해 쓰는 것이다. 인간은 기본적으로 성장하는 삶을 살고 싶어 하기 때문에 이렇게 쓰는 돈은 반드시 필요하다.

다섯째, 자신이 아닌 타인을 위해 쓰는 것이다. 예를 들면 아동단체나 복지단체에 기부하는 것이다. 이런 돈은 사회를 더욱 좋게 만들 수 있을 뿐만 아니라 자신의 행복을 위해서도 도움이 된다. 대부분의 기부자들이 남을 위해 돈을 쓰는 것을 매우 기쁜 일이라 느낀다.

대표적인 사례를 들어보겠다. 최근 대구에서 공무원 생활을 하고 있는 김모씨는 5년간 1억원을 사회복지공동모금회에 기부하기로 결정하였다. 그는 희귀병에 걸린 노모와 두 자녀 그리고 아내와 어렵게 생활하면서도 1억원이라는 거금의 기부를 실천하게 되었다. 그는 군생활 중 아버지가 돌아가시고 얼마 후에 누나마저 의료사고로 죽게 되자 할머니께서 충격을 받고 치매를 앓게 되었다고 한다. 그래서 가정형편이 넉넉하지 않았다고 한다. 그는 아내가 갖고 싶어하는 핸드백을 사주지도 못하고 가족 여행도 가본 적이 없다고 한다. 그는 돈을 아끼기 위해 매일 13킬로미터를 자전거로 출퇴근한다. 그럼에도 평소에 불의를 참지 못하고 가난한 사람을 보면 그냥 지나치지 못한다고 한다. 그는 모든 사람들이 함께 살맛 나는 사회가 되면 좋겠다는 바람을 가지고 있다고 한다.

이처럼 돈을 어떤 식으로 쓰는가에 따라 돈의 가치는 달라진다. 여러분은 지금 돈을 어떻게 쓰고 있는가?

대부분의 사람들이 부자가 되길 원한다. 그러나 부자가 되는 건 쉽지 않다. 사람들은 부자가 되는 것에 관심이 많기 때문에 어떻게 하면 부자가 될 수 있는지 대강 알고 있다. 그런데 부자가 되는 길은 고행길이기 때문에 실천하기가 어렵다. 부자가 되기 위해서는 기본적으로 자제력과 자기관리 능력이 필요한데 이런 능력을 갖추기가 쉽지 않다. 그리고 대부분의 사람들이 부자가 되지 못한 이유는 부자가 될만한 행동을 그동안 하지 않았기 때문이다. 모든 결과에는 이유가 있기 마련이다. 만약 지금부터라도 여러분이 부자가 될 수 있는 행동을 한다면 미래에는 부자가 될 수 있다. 물론 나도 부자가 아니다. 그렇지만 그동안 부에 대해 다양한 공부를 하면서 많을 것을 알게 되었다.

부자가 되고 싶다면 첫번째로 무엇을 해야 할까? 먼저 자신이 부자가 될 수 있다는 신념을 가져야 한다. 부자가 될 수 있다는 믿음이 없는데 어떻게 부자가 될 수 있겠는가? 두번째로는 자신이 부자가 되어야 하는 이유를 명확하게 알고 있어야 한다. 그래야 부자가 되는 어려운 과정을 겪을 때마다 그 어려움을 잘 극복할 수 있다. 세번째로는 기본적으로 쓰는 돈보다 버는 돈이 많아야 한다. 아무리 돈을 많이 벌어도 다 써버리면 돈을 모을 수 없고 부자가 될 수 없다. 돈을 많이 버는 사람들 중에는 의외로 자신의 품위 유지비로 돈을 다 써버리는 경우가 많다. 그러나 많지 않은 돈을 벌더라도 버는 돈의 대부분을 쓰지 않고 모으면 부자가 될 수 있다. 서점에 가면 부자가 되는 방법을 알려주는 책들이 많이 나와 있다. 책마다 저자의 생각에 따라 부자가 되는 다양한 방법이 소개되어 있다. KB금융지주 경영연구소에서 나온 〈2019년 한국 부자 보고서〉에 따르면 금융자산 10억원 이상을 보유한 부자는 2018년 말 기준으로 32만 3천 명으로 전년 대비 약 4.4%가 증가한 수치다. 그들의 총자산은 부동산 자산 53.7%, 금융자산 39.9%로 구성되어 있다. 그들이 현재의 부를 축적한 방법은 사업소득 47%, 부동산 투자 21.5%로 나타났다. 나아가 그들이 부를 늘릴 수 있었던 동력은 저축여력과 종잣돈으로 나타났다. 이 자료에 따르면 한국에서 부자들은 사업소득을 통해 부자가 된 경우가 제일 많고 다음은 부동산 투자다. 따라서 직장생활만 해서는 부자가 되기 힘들다. 결국은 사업이나 투자를 통해 부자가 되는 것이 가장 일반적이다.

그럼 사업을 잘하기 위해서는 어떤 능력이 필요할까? 물론 운도 따라야겠지만, 사업에 대한 전문성이 무엇보다 중요하다. 사업할 분야에 대한 풍부한 지식과 이해가 있어야 문제에 대응할 수 있는 능력이 생긴다. 사업은 기본적으로 문제를 해결해 나가는 과정이므로 무엇보다 전문성이 중요하다. 그리고 사업의 본질이 무엇인지 파악하고 성공에 필요한 요인이 무엇인지 생각해 보는 것이 중요하다. 또한 사업은 자신의 이익뿐만 아니라 사회에 기여할 수 있어야 한다. 아무리 돈을 벌고 싶어도 타인이나 사회에 피해를 입히는 일이라면 절대 진행해서는 안 된다. 자신의 이익보다 타인과 사회를 먼저 생각하고 행동할 수 있어야 지속 가능한 성장을 이룰 수 있다. 돈을 쫓기보다는 자신의 일에 몰두하여 자신의 사업분야에서 최고가 되면 돈은 저절로 따라온다. 물론 남들이 하지 않는 사업을 하여 새로운 고객을 개척하고 경쟁이 덜한 분야로 나가는 것도 좋은 방법이다.

부자들이 돈을 불리는 데 사업 다음으로는 부동산 투자가 큰 역할을 하였다. 부자들은 부동산 투자로 많은 돈을 벌었다. 최근 몇 년 사이에 서울을 중심으로 부동산 가격이 급상승하자 정부에서도 많은 규제책을 내놓았다. 부동산은 실물자산이기 때문에 경제위기와 같은 상황만 아니면 물가가 지속적으로 오르는 이상 상승할 수밖에 없다. 자본주의 사회는 투자의 세계다. 부동산을 단기간에 사고팔아 큰 이익을 남기는 투기를 자제하고 장기간의 투자를 통해 수익을 얻는다면 정당한 투자다. 물론 부동산 투자도 무조건 돈을 버는 것은 아니며 성공하기 위해서는 많은 공부가 필요하다. 부동산 자체에 대한 공부도 해야 하고 경제, 정치, 세법, 법률, 심리 등에 대한 지식도 중요하다.

자본주의 사회에서는 돈이 무엇보다 중요하다. 그러나 돈만을 목적으로 추구해서는 안 된다. 인간은 돈을 위해 사는 것이 아니기 때문이다. 돈은 목적이 아닌 수단에 불과하다.

예전에는 다른 나라들뿐만 아니라 우리나라도 신분제도가 있어서 사람에 대한 차별이 존재하였다. 지금은 그런 신분제도는 존재하지 않지만 돈에 의한 차별이 여전히 존재하고 있다. 그 대표적인 것이 부자들의 갑질이다. 이것은 부자들이 자신은 다른 사람들과 다르다는 특권의식을 가지고 다른 사람을 무시하거나 경시하는 태도다. 돈을 많이 번 것을 비난할 수는 없다. 그러나 단지 돈이 많다고 해서 갑질을 한다면 비난을 받아도 마땅하다. 부자일수록 타인의 질시의 대상이 될 수 있으므로 누구보다 행동을 조심해야 한다. 널리 알려진 경주 최부자집은 300여 년 동안 부를 유지해 왔다. 이 집안의 가훈은 요즘 사람들에게도 많은 교훈을 주고 있다.

1. 진사 이상의 벼슬을 하지 마라.

   (높은 벼슬에 올랐다가 휘말려 집안이 화를 당할 수 있다.)

2. 재산은 1년에 1만 석(약 5천 가마니) 이상을 모으지 마라.

   (지나친 욕심은 화를 부른다. 1만석 이상의 재산은 이웃에 돌려
   사회에 환원했다.)

3. 나그네를 후하게 대접하라.

   (누가 와도 넉넉히 대접하여, 푸근한 마음을 갖게 한 후 보낸다.)

4. 흉년에는 남의 논, 밭을 사지 마라.

   (흉년 때 먹을 것이 없어서 남들이 싼 값에 내놓은 논밭을 사서
   그들을 원통케 해서는 안 된다.)

5. 최씨 가문 며느리들은 시집오면 3년 동안 무명옷을 입어라.

   (내가 어려움을 알아야 다른 사람의 고통을 헤아릴 수 있다.)

6. 사방 100리 안에 굶어 죽는 사람이 없게 하라.

   (특히 흉년에는 양식을 풀어라.)

- [경주 최부자집 300년 부의 비밀] 중에서 -

[출처] 경주 최부자집 가훈

경주 최부자집처럼 부자들은 '노블레스 오블리주Noblesse Oblige'
를 실천해야 한다. 부자가 되면 도덕적 책임과 의무가 따른다.

#5 _ 돈과 행복의 관계

여러분은 왜 돈을 벌려고 하는가? 물론 돈을 벌어야 생활할 수 있다. 그러나 그 대답만으로는 부족한 느낌이 든다. 돈이 없으면 불행해질 수 있다. 그렇다고 돈이 많으면 행복할까?

미국에서 실시한 조사가 있다. 노벨경제학상을 받은 프린스턴 대학 교수인 대니얼 카너먼Daniel Kahneman과 앵거스 디턴Angus Deaton은 미국인 45만 명을 대상으로 2008년에서 2009년까지 국민행복지수를 조사하였다. 그 조사 결과에 따르면 연봉이 높아질수록 행복감이 증가하였으나 연봉이 7만 5천 달러를 넘어가면 더 이상 행복감을 크게 느끼지 못한다고 한다. 이 사실은 무엇을 의미할까? 돈이 많다고 해서 반드시 행복하다고 할 수는 없다는 것이다. 돈 외에도 인생에서 행복감을 느낄 수 있는 것은 많다.

그럼 지금 세계에서 가장 행복하다고 알려진 국가는 어디일까?

정답은 부탄Kingdom of Bhutan이다. 부탄 국민의 97%는 자신이 행복하다고 생각한다. 부탄의 경제수준은 한국의 약 1/10에 불과하며 전세계적으로 최빈국에 속한다. 돈이 절대적으로 행복을 결정짓는 요인이 아니라는 사실이 더욱 명확해진다.

그렇다면 부탄 사람들이 행복한 이유는 무엇일까? 그들은 물질에 집착하지 않고 정신적 행복을 중시하며 빈부격차도 크지 않다. 부탄은 다양한 무상복지를 제공하여 국민들이 걱정 없이 행복하게 살 수 있다. 또한, 자연환경이 뛰어나 자연 속에서 행복감을 느낀다고 한다.

부탄의 경우에서 알 수 있듯 돈은 필요하지만 절대적인 행복의 조건은 아니다. 하지만 우리 사회는 여전히 많은 사람들이 돈을 위해 일하고 있다. 자신이 하는 일이 돈과 관련이 없으면 움직이려 하지 않는다. 물론 생활비가 모자라서 그렇다면 어쩔 수 없는 일이지만, 먹고사는 데 아무 문제가 없는데도 여전히 돈에 구애를 받고 있다면 한번쯤은 생각해 볼 일이다. 물론 더 많은 돈을 벌어 사회를 위해 쓴다면 문제가 없다. 그러나 너무 돈만 추구한다면 인생을 잘못 살고 있는 것은 아닐까? 돈이 삶의 목적이 되면 불행해질 가능성이 커진다. 부가 행복의 절대적 요인은 아니다.

사람들이 돈을 버는 방법은 다양하다. 그러나 대부분의 사람들은 일을 해서 돈을 번다. 일은 돈을 벌어 생계를 유지하는 중요한 수단이지만, 그 이상의 가치가 있다. 일을 통해 자아실현을 할 수 있고 사회에 기여할 수도 있다. 돈은 일을 하면 얻게 되는 부산물이다. 나는 그 이상도 그 이하도 아니라고 생각한다. 특히 돈만 생각하고 직장을 구하면 불행해질 가능성이 크다. 우리는 대부분의 시간을 직장에서 보낸다. 그만큼 직장이 행복을 결정하는 큰 변수가 되므로 돈만 보고 직장을 구하는 것은 어리석은 일이다. 나도 과거에 직장을 선택하는 기준으로 돈을 가장 중시했던 적이 있다. 그래서 직장생활에서 행복감을 느끼지 못했던 것 같다. 지금 생각해 보면 후회스럽다. 돈을 생각하지 않고 더 일에 몰입했더라면 더 나은 성과를 거둘 수 있지 않았을까라는 후회 말이다.

물론 자신의 목표를 정하고 그 목표에 다가가기 위해 돈을 버는 것은 바람직하다. 문제는 원하는 돈을 벌고 나서 그 돈으로 어떤 일을 할 것인가 하는 점이다. 다시 말해서 돈을 어떻게 쓰는가가 문제라는 것이다. 이것은 개인의 행복과도 깊은 관련이 있다.

돈을 어떻게 쓰면 행복감을 느낄 수 있을까? 나는 돈을 자신이 아닌 다른 사람을 위해 쓸 때 행복감을 느낀다. 물론 자신을 위해 돈을 쓰는 것도 기쁘지만 자신에게 쓰는 것보다 남을 위해 쓰는 것이 더 행복하다는 말이다. 자신이 사준 선물을 받고 기뻐하는 사람을 보며 행복했던 경험이 있을 것이다. 기부도 마찬가지다.

돈 때문에 생활이 어려워 고통을 겪는 사람에게 기부한다면 큰 기쁨과 행복감을 느낄 것이다. 인간은 혼자서는 살 수 없다. 사람들 속에서 더불어 산다. 자신의 욕심만 채우려 하면 남들도 나를 도와주려 하지 않을 것이다. 그러나 내가 먼저 남을 도우면 누군가는 내가 어려울 때 도움을 줄 것이다. 이것이 세상의 이치다. 물론 대가를 바라지 않고 주는 것만으로도 행복하다. 나의 도움을 통해 누군가가 어려움을 잘 극복해 나가는 것 자체로 의미 있는 일이다.

인간은 자신을 위해 돈을 쓸 때보다 남을 위해 돈을 쓸 때 더 행복하다는 연구 결과도 있다. 미국의 심리학자인 시카고대The University of Chicago 에드 오브라이언Ed O'Brien 교수 연구팀이 미국 〈심리과학 2018년 저널〉에 발표한 실험을 소개하겠다. 연구팀은 대학생들을 대상으로 5일간 매일 일정한 금액을 주었다. 그런 다음 A팀과 B팀으로 나누어 A팀은 자신을 위해 돈을 쓰게 하고 B팀은 기부를 하거나 다른 사람을 위해 돈을 쓰게 하였다. 그런 다음 날마다 A팀과 B팀의 행복도를 조사했는데, 그 결과는 놀라웠다. A팀은 날이 갈수록 행복감이 감소하였으나 B팀은 행복감의 강도가 5일간 지속적으로 동일하게 유지되었다. 이 실험을 통해 자신을 위해 돈을 쓰는 것보다 남을 위해 돈을 쓰는 것이 더 행복하다는 사실이 증명되었다. 자신을 위해 돈을 쓰는 것은 '소유'

의 개념이지만 남을 위해 쓰는 것은 '경험'이다. 사람들은 경험에서 새로운 기쁨을 느낄 수 있고 기억에도 오래 저장된다.

이와 같이 자신을 위해 쓰는 기쁨보다 남에게 주는 행복이 훨씬 크다는 사실은 우리에게 시사하는 바가 크다. 많은 기부자들이 나눌 수 있어서 행복하다고 한다. 남을 위해 베푸는 행동이 사실은 자신을 위한 일이다. 이재호는 〈필연적 부자〉라는 책에서 남을 위해 살면 부는 반드시 따라오게 되어 있다고 강조한다. 그는 주얼리 산업에서 자신을 위해서가 아니라 남을 위해 살다 보니 어느 순간 큰 부자가 되었다고 한다. 그리고 자신은 누구보다 행복한 인생을 살았다고 말한다. 남을 위해 베풀면서 살다 보면 그 마음이 다른 사람들에게 전해지기 마련이다. 그런 마음이 고객들이나 다른 사람들에게 전해지게 되어 그의 사업이 번창할 수밖에 없었을 것이다.

여러분은 어떤가? 자신의 부를 남들과 나눌 수 있겠는가?

PART 4

인간관계

사람들은 사회생활을 하면서
다양한 인간관계를
맺게 된다

어떤 인간관계를 맺는가에 따라 자신의 운명이 바뀔 수도 있다. 일정 기간 동안 어떤 사람과 인간관계를 맺는 건 어렵지 않지만 지속적으로 관계를 유지해 나가기는 쉽지 않다. 인간관계를 잘 맺고 유지하려면 자신의 이익과 생각만 고집하지 말아야 한다. 인간관계를 잘 맺는 것이 행복을 결정하는 중요한 요인이라는 연구조사 결과도 있다.

사람들과의 관계가 원만하고 좋아야 필요할 때 도움을 받을 수 있다. 성공한 사람일수록 다른 사람의 도움이 성공에 크게 영향을 주었다고 한다. 개인의 능력은 한계가 있기 마련이다. 사람은 혼자 살 수 없으며 타인과 서로 도움을 주고받으며 산다. 나아가 어떤 사람들과 관계를 맺는지도 중요하다. 지금 여러분이 주로 만나는 5명의 평균이 바로 여러분 자신이다. 그만큼 어떤 사람을 만나는가가 인생에서 절대적으로 중요하다. 서로 도움이 되는 관계가 아니라면 그 만남은 계속 이어가지 말아야 한다. 서로 도움이 되는 관계만이 오랫동안 유지될 수 있는 만남이다.

　　　　　사회생활에서 인간관계는 매우 중요하다. 우리
는 혼자서는 세상을 살 수 없고 살면서 다양한 사람들과 교류하
며 인간관계를 형성해 간다. 사람들과 관계를 맺다 보면 모든 사
람들이 내 마음같이 행동하지 않는다는 것을 알게 된다. 어떻게
해야 사람들과 관계를 좋게 맺으며 지낼 수 있을까?

　인간관계에서 어느 정도의 갈등은 불가피하다. 사람들이 자라
온 환경과 사고방식이 같지 않기 때문이다. 미국에서는 직장에서
일을 못해서 그만두는 것보다 상사와의 인간관계를 잘 맺지 못하
여 그만두는 경우가 많다고 한다. 나는 한국도 마찬가지라고 생
각한다. 나도 과거에 상사와의 갈등 때문에 회사를 그만둔 경험
이 있다. 나는 인간관계를 잘 맺는 것이 개인의 성공에 중요한 요
인이라고 생각한다. 직장생활에서도 인간관계가 좋으면 많은 문
제를 수월하게 해결할 수 있다. 많은 사람들이 일보다는 사람들

과의 관계 때문에 직장생활에서 어려움을 느낀다. 동료들과의 관계가 좋다면 그들로부터 많은 도움을 받을 수 있고 지지를 받을 수도 있다. 아무리 일을 잘하더라도 혼자서 모든 일을 감당할 수는 없다. 특히 직급이 높아질수록 자신이 일을 잘하는 것보다는 동료들과의 관계가 좋은 사람이 더 많은 성과를 낼 수 있다.

미국 하버드대Harvard University 의대의 조지 베일런트George Eman Vaillant 교수는 하버드대 2학년생 268명을 대상으로 72년간 인생을 추적, 조사하여 〈행복의 조건〉이라는 보고서를 작성하였다. 이 조사에서 하버드생들의 행복과 불행을 갈라놓은 요인을 분석해 보니 의외의 결과가 나왔다. 하버드생들의 행복과 불행을 결정한 것은 부나 학벌, 명예가 아니라 47세까지 형성한 인간관계가 가장 중요한 변수였다. 조지 베일런트 교수는 인생에서 가장 중요한 것은 인간관계라는 결론을 내렸다.

인간관계는 인생에서 행복을 결정짓는 가장 중요한 요인이다. 하지만 많은 사람들이 인간관계를 어려워하고 서툴다고 생각하며 인간관계를 잘 맺지 못한다. 특히 요즘 젊은 사람들은 더욱 그런 것 같다. 사람들과 직접 만나 교류하면서 인간관계를 맺기보다는 SNS를 통해 소통하는 경우가 많기 때문이다. 직접 만나서 의사표현을 하는 것이 아니라 온라인 상에서 교류하다 보니 서로 간에 의사소통, 이해와 공감 능력이 떨어진다. 이런 능력을 키우기 위해서는 자신보다는 상대방의 관점에서 생각할 수 있어야 한다. 우리가 흔히 말하는 역지사지(易地思之)의 자세다. 나의 입장에서 생각하는 것이 아니라 상대방의 입장에서 생각하는 것이다. 물론 쉬운 일은 아니다. 사람은 누구나 이기적이고 자신이 가장 중요하다고 생각하기 때문이다. 그러나 모든 사람이 자신의 생각만 고집하고 주장한다면 원만한 인간관계를 맺을 수 없다. 인간관계는 서로 도움이 되어야 유지될 수 있다. 자신의 이익만 생각하고 상대방에 대한 배려가 없으면 인간관계가 오랫동안 유지될 수 없다.

내가 상대방을 대한 대로 상대방도 나를 대한다. 사람은 상대가 자신을 어떻게 대하는지 금방 알 수 있다. 그래서 그 사람이 나에게 맞는 사람인지 바로 판단할 수 있다. 하지만 나와 맞는 사람도 생각과 취향이 모두 같을 수는 없다. 따라서 기본적으로 모든 사람이 나와 다름을 인정해야만 한다. 그래야 갈등이 생기지 않고 관계가 지속될 수 있다.

인간관계를 잘 맺으면 다양한 면에서 유리할 수 있다. 무엇보다도 정보를 빠르게 얻을 수 있어 직장을 구하는 것도 유리하다. 경력사원은 지인을 통해 직장을 구하는 경우가 많다. 회사에서도 이런 채용 방식이 유리하다. 구직자에 대해 신뢰할 수 있고 대체로 회사에 오래 근무하기 때문이다.

나도 지인을 통해 회사를 소개받아 면접을 보기도 하고, 우연히 아는 사람을 면접관으로 만난 적도 있다. 나는 '토스트 마스터즈Toast Masters'라는 영어 스피치클럽에서 15년 이상 활동했는데 그 모임에서 자주 보던 홍콩인이 있었다. 그런데 우연히 그 사람이 사장으로 있는 회사에 채용공고를 보고 지원하여 면접을 보게 되었다. 그 사장도 나의 입사서류를 보고 지인일지도 모르겠다고 생각했다고 한다. 나도 면접을 보면서 뜻밖의 상황에 살짝 당황하였다. 아무튼 모임에서 관계가 나쁘지 않았기 때문에 나에게는 유리한 상황이었다. 내가 인사담당자에게 사장과 아는 사이라고 하자 그녀는 "면접에 통과되겠네요."라고 말했다. 결국 조건이 맞지 않아 그 회사에 입사하지는 않았지만 내가 원하기만 하면 바로 채용되었을 것이다. 이처럼 인간관계를 잘 맺으면 입사에 도움이 된다.

　또한 인간관계를 잘 맺으면 주변 사람들로부터 필요할 때 도움을 받을 수 있다. 인간은 불완전한 존재다. 혼자서는 어떤 일도 쉽게 할 수 없다. 다시 말해서 누군가의 도움을 받으면 하고자 하는 일을 보다 수월하게 할 수 있다. (물론 무조건 도움만 받을 수는 없고 나도 타인에게 도움을 주어야만 한다.) 누구나 살아가는 데 타인의 도움이 필요하다. 나도 그동안 살아오면서 누군가에게 도움을 주기도 하고 받기도 하였다. 이런 식으로 좋은 인간관계를 맺으면 서로 도움이 된다.

세상의 모든 일은 사람이 하는 것이다. 따라서 어떤 사람을 아는가에 따라 인생이 바뀔 수도 있다. 물론 실력보다 인맥으로 어떤 일이나 입사를 결정짓는 것은 지극히 잘못된 것이다. 그러나 실력이나 그 밖의 모든 조건이 비슷하다면 아는 사람을 선택하게 된다. 이것은 어쩔 수 없는 일이다. 어떤 일이든 인맥이 중요하다. 하지만 주위 사람들에게 피해를 주지 않기 위해서라도 실력을 갖출 수 있도록 노력해야 한다. 실력을 갖추지 않은 상태에서 인맥을 활용하려 한다면 크게 잘못 생각하는 것이다. 이것은 자신에게도 도움이 되지 않을 뿐 아니라 주위 사람들에게도 피해를 준다. 나아가 서로 '윈윈Win Win'의 관계가 아니라면 관계가 오래 지속될 수 없다.

#2 _ 인간관계와 성공

사회생활을 하는 사람은 누구나 자신의 분야에서 성공하기를 바랄 것이다. 그렇다면 인간관계는 정말 중요하다. 자신의 능력만으로는 크게 성공할 수 없기 때문이다. 직장에서 나 혼자 일을 잘해서는 성공하는 데 한계가 있다. 그리고 성공한다는 것은 리더가 되는 것이다. 리더는 나의 일 자체보다는 직원들을 조직의 목표에 맞게 자발적으로 움직일 수 있게 해야 한다. 그렇게 하려면 직원들과의 관계가 좋아야 하고, 그들이 나를 믿고 따를 수 있게 해야 한다. 즉 리더십이 있어야 한다. 지금은 예전처럼 강압적으로 지시한다고 해서 직원들이 리더를 따르지 않는다. 그렇게 하다가는 서로간의 관계만 악화될 뿐이다. 직원들과의 관계가 악화되면 조직의 목표를 달성하는 데 어려움이 따르고, 리더로서 성공할 수 없다. 리더가 어떻게 하는가에 따라 직원들의 행동이 결정된다. 따라서 조직원들간의 인간관계가 좋아야 성공할 수 있다.

성공한 사람들은 대체로 인간관계가 좋고 주위 사람들의 지지를 얻고 있다. 자신의 일을 잘하는 것보다 인간관계가 좋은 것이 성공에 더욱 유리하다. 특히 크게 성공한 사람들 중에는 인격이 훌륭한 사람들이 많다. 인격이 훌륭한 사람은 남을 배려하고 자신을 엄격하게 통제하기 때문에 남들과의 관계가 좋을 수밖에 없다. 자신만 생각하고 타인에 대한 배려가 없는 사람을 좋아하는 사람은 없다. 그런 식으로 살면 좋은 인간관계를 맺을 수 없고 성공하기도 어려워진다. 기독교 윤리의 기본 원리인 황금률에도 "남에게 대우받기를 바라는 대로 남을 대우하라."고 나와 있다. 즉 내가 남을 대하는 대로 남도 나를 대한다는 말이다. 이것이 세상의 이치다.

사람들과의 관계에 문제가 있다면 먼저 자신을 돌아보아야 한다. 사람들과의 관계에 불만이 많은 사람들은 그 탓을 남에게 돌리곤 한다. 그렇게 되면 자신은 잘못이 없다고 생각하여 자신을 고칠 수 없어 개선의 여지가 사라진다. 불평과 불만을 자주 얘기하는 사람은 아무도 좋아하지 않는다. 그런 사람이 옆에 있으면 마음이 편하지 않기 때문이다. 나도 그런 사람을 피하게 된다. 나도 그렇게 될까 두렵고 나의 생각도 부정적으로 바뀔 수 있기 때문이다. 세상의 모든 일은 사람들과의 관계에서 시작된다. 사람들과의 관계를 어떻게 맺는가에 따라 일이 잘될 수도 있고 안 될 수도 있다.

카네기 공과대학에서 인간관계에 실패한 사람 10,000명을 대상으로 조사한 연구가 있다. 그 결과를 보면 성공의 85%가 인간관계에 달려 있다고 한다. 특히 우리가 기억해야 할 점은 두뇌, 노력, 전문적 기술이나 지식 등은 불과 15%만 영향을 준다는 것이다. 이렇듯 좋은 인간관계는 성공적 인생에 필수 요소다. 어떻게 좋은 인간관계가 성공으로 이어지는 것일까? 앞에서도 언급했듯이 사람들은 자신의 일을 통해 성공하게 된다. 그런데 일은 혼자 할 수 있는 것이 아니다. 특히 직장에서는 어떤 식으로든 일을 통해 다른 사람들과 관계를 맺을 수밖에 없다. 나만 일을 잘해서는 한계가 있다.

이 글을 쓰는 나도 예외가 아니다. 글을 쓰는 것은 철저하게 나의 영역이다. 그러나 나의 글을 책으로 출간할 때는 출판사와 손잡고 일을 할 수밖에 없다. 그런데 그 출판사와 좋은 관계를 형성하면 출판사는 책이 잘 팔릴 수 있도록 여러 가지 조언을 해주고 마케팅 활동에 도움을 줄 것이다. 그렇게 되면 내 책이 더 잘 팔려 성공하는 데 도움이 되지 않을까? 이처럼 일을 하다 보면 반드시 누군가와 관계를 맺게 된다. 나의 일과 관련이 있는 사람들과 관계가 좋다면 일은 잘 진행될 것이다.

일과 관련이 없는 사람과의 관계도 마찬가지다. 이해관계가 없더라도 어떤 식으로든 도움을 주고받을 수 있다. 그 사람이 나에게 도움을 줄 수도 있고, 도움이 되는 사람을 소개해 줄 수도 있다. 나와 전혀 이해관계가 없는 대학 선배와 도움을 주고받았던 적이 있다. 대학을 졸업한 뒤 한동안 그 선배와 연락이 끊겼다가 10년 전쯤에 지하철역에서 우연히 마주쳤다. 반갑게 대화를 나누다가 선배가 포워딩Forwarding 회사에서 오랫동안 영업을 해온 사실을 알게 되었다. 그 뒤 가끔씩 선배를 만났다. 그러던 중 나는 6년 전에 수원에 있는 전문대학의 전임교수가 되었는데, 대학에서는 산학협력을 위해 산업체 전문가들이 필요했다. 당시에 그 선배는 회사에서 임원으로 근무하고 있었기 때문에 선배를 산학협력위원으로 선임하였다. 우리는 정기적으로 모임을 가졌고 선배로부터 도움을 받을 수 있었다. 또한 선배는 포워딩 회사에 근무하고 있었기 때문에 수출입을 하는 새로운 고객이 필요한 상태였다. 당시 나는 무역을 하는 건설장비 업체의 사장을 알고 있었다. 그래서 그 사장을 선배에게 소개시켜 주었고, 선배는 그 업체와 거래하게 되었다. 처음에는 거래량이 많지 않았지만 점점 전 세계적으로 수출입 물량이 늘어나 지금은 선배에게 큰 도움이 되고 있다. 그 업체의 사장도 기존 거래처보다 가격이 저렴하고 서비스도 만족스러웠기에 두 사람은 전략적으로 서로 도움이 되는 파트너가 되었다. 이처럼 선배와 좋은 관계를 유지함으로써 나도 도움을 받았을 뿐만 아니라 그 선배와 건설장비 업체의 사장까지도 이익이 되고 있다.

이처럼 많은 사람과 좋은 관계를 유지하면 서로 도움이 되는 일이 생긴다. 사업도 사람들과의 관계 속에서 성장하고 성공한다. 좋은 사람들과 관계를 맺고 있으면 도움을 받을 수 있다. 성공한 사람들은 주변에 도움을 준 사람들이 있어서 성공할 수 있었다고 말한다. 그냥 하는 얘기가 아니다. 살아가면서 귀인을 만날 수도 있고 그런 사람을 통해 기회를 잡을 수도 있다. (대신에 그만큼의 준비가 되어 있어야 한다. 준비가 되어 있지 않으면 아무 소용이 없다.)

물론 사람들과의 잘못된 관계로 인해 피해를 볼 수도 있다. 어떤 사람을 만나는가에 따라 인생이 결정될 수도 있으므로 사람들과의 만남도 신중해질 필요가 있다. 만약 상호간에게 도움이 되지 않는 관계라면 서로 시간낭비일 수도 있다.

여러분은 성공을 위해 어떤 인간관계를 맺고 있는지 궁금하다. 자신만 성공하는 것이 아니라 양쪽 모두 성공할 수 있는 만남이어야 한다. 그런 만남이야말로 가치 있는 만남이다.

#3 _ 인간관계를 잘 맺는 방법

어떻게 하면 인간관계를 잘 맺을 수 있을까? 좋은 인간관계를 맺는 것은 쉽지 않다. 그리고 좋은 인연을 쭉 이어가는 것도 쉬운 일이 아니다. 사회생활을 하다보면 서로 바빠 연락을 주고 받기 어려워지기 때문이다.

세상에는 수없이 많은 사람들이 있다. 사람들은 각자 사고방식과 생활방식이 다르기 때문에 그중에서 서로 잘 맞는 사람들을 선택하여 만나게 된다. 하지만 자신과 잘 맞는 사람들을 만나더라도 분명 자신과 다른 부분이 있기 마련이다. 그렇게 되면 갈등이 생길 수 있는데, 갈등을 피하려면 상대방의 관점에서 생각하는 수밖에 없다. 자신의 입장에서만 생각하다 보면 타인을 이해하고 공감하기 어렵다. 물론 의사소통도 제대로 이루어질 수 없다. 그렇게 되면 관계 자체가 지속적으로 이어질 수 없고, 지속적인 관계가 이어질 수 없다면 좋은 관계로 발전하지 못한다.

사람들은 자신의 얘기에 공감해주는 사람을 좋아한다. 그런 사람에게는 자신의 마음속 깊은 얘기도 털어놓을 수 있다. 이렇게 깊은 수준의 관계로 발전하면 그 사람은 나를 깊이 이해하고 지지하는 조력자가 되어줄 수 있다.

사람들을 잘 사귀기 위해서는 어떻게 하는 것이 좋을지 중요한 몇 가지만 살펴보도록 하겠다.

첫째, 상대방과 만남을 지속적으로 이어가기 위해 상대방의 관심분야가 무엇인지 파악하는 것이 중요하다. 사람은 자신에 대한 관심이 제일 크다. 단체사진을 보면 내가 어디에 있는지 먼저 찾게 된다. 이것은 사람의 본성이기 때문에 어쩔 수 없다. 어떤 사람을 만나기 전에 그 사람의 관심분야에 대해 미리 조사하고 그것에 대해 대화를 나누면 그 사람은 신이 나서 얘기하고, 그런 대화를 나눌 수 있는 나를 좋아할 수밖에 없다. 그럼 다음에도 기꺼이 시간을 내어 나를 만날 것이다. 좋은 사람들을 많이 사귀려면 다양한 분야의 지식을 쌓는 것이 도움이 된다. 다양한 지식을 가지고 있으면 사람들과 다양한 주제로 대화를 나눌 수 있다. 나아가 상대방이 나를 대화가 통하는 사람이라고 느끼면 보다 적극적으로 나를 대하게 될 것이다. 물론 지식이 많다고 잘난 척한다거나 자랑을 하는 것은 금물이다. 지나치게 아는 것을 내세우기보다는 상대를 존중하는 마음으로 자연스럽게 적절한 시점에 지식을 나눌 수 있어야 한다.

둘째, 다른 사람과 인간 관계를 잘 맺기 위해서는 경청하는 자세가 필요하다. 상대방의 얘기를 주의 깊게 들어주어 상대방이 존중받고 있다고 느끼게 해야 한다. 그렇게 하려면 자신보다는 상대방이 말을 더 많이 할 수 있도록 배려해야 한다. 상대방이 말하고 있는 것을 잘 경청하면 상대방이 필요한 것이 무엇인지, 지금 어떤 상황에 있는지, 어떤 생각을 하는지, 무엇을 원하는지를 파악하여 상대방을 잘 이해할 수 있다. 사람들과 갈등이 생기는 이유는 서로 잘 들으려 하지 않고 자신의 말만 주장하기 때문이다. 특히 상대방이 얘기하는 도중에 끼어드는 행동은 금물이다. 이런 행동은 상대방이 무시당한다는 느낌을 줄 수 있다. 특히 상대가 불만이 있거나 흥분한 상태라면 공감하며 상대방의 얘기를 들어주는 것이 좋다. 쉬운 일은 아니겠지만 이렇게 함으로써 상대방을 진정시킬 수 있다. 그리고 가만히 들어주는 사람에게 화를 내기는 어렵다. 단지 잘 들어줌으로써 그 순간을 무사히 넘기면 상대방도 격한 감정에서 벗어나 이성적으로 생각할 수 있게 된다.

셋째, 상대방에 대해 항상 존중하는 마음을 가지고 있어야 한다. 논어에 "子曰(자왈) 晏平仲(안평중)은 善與人交(선여인교)로다. 久而敬之(구이경지)구나."라는 구절이 있다. "공자가 말씀하길 안평중은 사람들과 잘 사귄다. 오랜 세월이 흘러도 사람들을 공경한다."라는 뜻이다. 제나라의 안평중은 공자가 재상이 되는 것을 반대했다. 그럼에도 공자는 안평중을 높이 평가하였다고 한다. 안평중이 사람을 잘 사귈 수 있었던 이유는 오랜 인연이라도 그 사람을 공경하기 때문이다.

오랫동안 사귀어 온 사람을 한결같이 대하는 것은 쉬운 일이 아니다. 우리는 친한 사이라고 함부로 대하는 경우가 많다. 친하니까 그럴 수도 있겠지만 사람의 마음은 한순간에 변할 수 있다. 서로 친하다는 이유로 함부로 대하면 한두 번은 그냥 넘어갈 수 있다. 그러나 피해를 입은 사람은 깊은 상처를 입을 수 있다는 것을 기억해야만 한다. 얼마 전 나도 오랜 친구와 그런 경험이 있다.

고교 시절부터 사귀어 35년 가까이 친하게 지낸 C라는 친구가 있다. 약 1년 6개월 전에 C로부터 어떤 일을 같이 해보자는 제안을 받고 자주 만나게 되었다. 일주일에 두 번 정도 만나 많은 얘기를 나누다 보니 종종 의견충돌이 빚어졌는데, 그때마다 C는 나에게 왜 그런 식으로 생각하냐며 화를 냈다. 나는 열 번 정도는 그냥 참고 넘어갔다. 그런데 그런 일이 계속되자 지속적으로 자신의 감정을 조절하지 못하고 화를 내는 C에 대해 참을 수 없게 되었다. 우리는 3명이서 같이 일을 하게 되었는데, C는 나이가 우리보다 아래인 다른 동료에게는 늘 공손하게 대했다. (그 동료는 나만큼 오랜 친구 사이는 아니었다.) C는 내가 오랜 친구이니 자신이 화를 내도 이해할 거라고 생각하고 나를 너무 편하게 대한 것이다. 하지만 이런 상황이 이어지다 보니 예전에는 내가 이해하고 그냥 넘어갔던 그의 단점이나 나와 맞지 않는 부분이 더욱 두드러져 보였다. 나는 많은 날을 고민하다가 결국 C에 대한 감정이 나빠지게 되었고 지금은 어느 정도 거리를 두고 있다.

너무 가까이 지내다 보면 상대에 대해 너무 쉽게 생각하고 상처를 줄 수 있다. 그래서 나도 가까운 친구일수록 더욱 조심해야겠다고 생각하게 되었다.

인간관계는 참으로 미묘하고 어려운 것이다. 내가 아무리 잘해도 관계가 늘 좋을 수만은 없다. 모든 사람들과 잘 지낼 수도 없으며 어디를 가든 나를 싫어하는 사람이 있을 수 있다는 사실을 깨닫게 되었다. 그러니 자신과 관계를 맺고 있는 사람에게 최선을 다하는 것이 가장 좋은 방법이다.

#4_ 어떤 사람을 만나고 있는가?

지금 여러분은 어떤 사람을 만나고 있는가? 사람을 차별하라는 얘기는 아니지만, 그 사람이 어떤 사람이냐에 따라 나에게 이익이 될 수도 있고 피해가 될 수도 있다. 어떤 인격과 지식을 쌓아왔는가에 따라 그 사람을 평가할 수 있다. 나는 전에는 사람을 차별하면 안 된다고 생각했다. (물론 지금도 그 생각은 변함이 없다.) 그래서 마음만 맞으면 누구든 만났는데, 지금은 시간을 헛되이 보냈다는 생각이 든다. 내가 그 시간을 더 효율적으로 잘 활용하였더라면 보다 나은 나 자신을 만들 수 있지 않았을까? 그때는 그런 생각을 못하고 그저 재미있고 즐겁게 지냈다. 물론 재미있고 즐겁게 지냈다면 왜 후회하냐고 물을 수도 있다. 그러나 재미있고 즐거웠던 시간도 지금은 뭔가 부족했다는 생각을 지울 수 없다.

과거 학창시절에 나의 주변 환경은 공부를 하기에 적합하지 않았다. 나를 비롯하여 많은 친구들이 가난했고 학교도 공부하는 분위기가 아니다 보니 나도 공부와는 담을 쌓고 지냈다. 공부를 열심히 할 수 있는 환경에서 자랐더라면 더 좋았을 거라고 가끔 생각한다.

그럴 때면 맹모삼천지교(孟母三遷之敎)라는 말이 떠오른다. 맹자는 홀어머니 밑에서 자랐는데, 어머니는 맹자를 위해 묘지, 시장과 학교 부근으로 3번이나 이사를 다니며 공부할 수 있는 환경을 만들어주었다. 그래서 맹자는 위대한 사상가가 될 수 있었다. 이렇듯 환경에 따라 사람도 바뀔 수 있다. 아무튼 그때는 내가 정말 공부를 좋아하게 될 거라고는 전혀 예상하지 못했다. 그러나 지금은 공부를 좋아하고 그래서 과거가 더 안타깝고 후회스럽다. 학창시절에 만난 친구들은 대부분 공부를 좋아하지 않고 나와 추구하는 방향이 다르다 보니 지금은 대부분 연락이 끊겼다. 나는 아쉽지만 어쩔 수 없는 일이라고 생각한다.

나는 사람을 차별이 아닌 구별을 해서 만나야만 한다는 사실을 깨닫게 되었다. 물론 이기적으로 보일 수 있지만, 그렇게 하지 않으면 나의 목표를 이루기 어렵다. 시간은 무한하지 않다. 유한한 시간을 어떻게 보내는가에 따라 나의 삶이 결정된다. 만날 필요가 없는 사람들을 만나는 대신 그 시간을 보다 의미 있는 일에 쓴다면 나의 가치를 높일 수 있다. 나아가 나의 가치를 사회에 도움이 되는 방향으로 쓴다면 인생을 보다 현명하게 살 수 있다.

여러분이 지금 만나는 5명의 평균이 바로 당신이라는 말이 있다. 사람들은 비슷한 사람끼리 모이게 되어 있다. 비슷한 사람끼리 모이면 마음도 편하고 잘 통한다. 그러다 보니 그들과 다른 부류의 사람들은 그 그룹에 속하는 것이 부담스럽다. 그래서 그들만의 리그가 되는 것이다.

아무리 좋은 사람도 계속해서 좋지 않은 사람들과 함께 있으면 그들처럼 변하게 된다. 그래서 어떤 사람을 만나거나 모임에 참가할 때 신중할 필요가 있다. 물론 만나는 사람이나 모임이 나에게 도움이 된다고 생각하면 문제없다. 그러나 나에게만 도움이 된다고 해서 좋은 것도 절대 아니다. 모든 만남은 상호 이익이 되는 관계여야 지속 가능할 수 있기 때문이다.

여러분이 자신을 변화시키고 싶다면 여러분이 만나는 사람을 바꿔야 한다. 물론 쉬운 일은 아니지만 결단이 필요하다. 나에게 도움이 되는 사람과 피해가 되는 사람이 있다는 것은 엄연한 사실이다. 물론 나도 다른 사람에게 도움이 되어야 한다. 그렇지 않으면 남들이 나를 피할 수 있다. 모든 건 상대적이기 때문이다.

대학을 들어가기 전에 사귄 친구가 진정한 친구라는 얘기를 예전에 자주 들었다. 대학에 들어간 뒤 성인이 되어서 만난 친구들은 진정으로 마음을 나눌 수 없으므로 성인이 되기 이전의 친구

들이 진정한 친구라는 논리다. 물론 성인이 되면 순수한 마음이
사라질 수 있고 자신의 속마음을 솔직히 털어놓기 어려울 수도
있다. 그러나 지금 나는 그 말이 틀렸다고 생각한다. 나와 친구가
될 수 있는 사람은 무엇보다도 나와 추구하는 이상이 같아야 한
다고 믿기 때문이다.

젊은이들의 멘토로서 〈완벽한 공부법〉과 〈일취월장〉을 쓰고 체
인지그라운드를 운영하는 신영준 박사는 이런 얘기를 하였다. 지
금 그는 친구를 거의 만나지 않는다고 한다. 자신이 추구하는 이
상(젊은 사람들이 자신의 꿈을 이루면서 사는 더 좋은 사회를 만드는 일)
에 전념하기 위해 중요하지 않은 만남은 피한다는 것이다. 그래서
전에 친하게 지낸 친구들도 지금은 거의 안 만난다고 한다. 그 대
신 자신이 원하는 목표를 이룰 수 있는 일에 도움이 되는 사람들
을 만난다고 한다.

나는 이 얘기를 듣고 과거 나의 판단이 틀렸다고 생각하게 되
었다. 그래서 지금은 나도 친구들을 적극적으로 만나려 하지 않
는다. 나 자신의 성장과 사회에 기여할 수 있는 일을 하기 위해
불필요한 만남을 최대한 자제하고 있다. 물론 여러분에게 나처럼
하라는 얘기는 아니다. 여러분이 만나고 싶은 사람을 만나는 것
이 잘못된 일은 아니다. 하지만 여러분의 삶의 목적과 목표에 맞
는 사람을 만나는 것은 반드시 필요하다. 그래야 후회하지 않는

인생을 살 수 있다.

다시 한번 강조하지만 여러분이 어떤 사람과 만나는지에 따라 인생이 크게 달라질 수 있다.

우리는 살다 보면 본인의 의지와 관계없이 누구든 만나게 된다. (특히 직장동료나 친척들은 어쩔 수 없이 만나게 된다.) 그러다 보면 나에게 꼭 도움이 될 것 같지 않은 사람들도 종종 만나게 된다. 그럴 경우 어떻게 해야 할까? 이런 경우라도 나는 도움을 받을 수 있다고 생각한다. 보다 긍정적으로 생각해 보면 그런 사람들도 내가 배우고 도움을 받을 부분이 반드시 있을 것이다. 적어도 저런 식으로 하면 안 된다고 생각하며 나는 저런 식으로 하지 않겠다는 반면교사로 삼을 수도 있다.

나는 다른 사람들에게 도움이 되는 사람이 되고 싶다. 그래서 앞으로도 남에게 도움이 되는 인생을 살기 위해 노력을 아끼지 않을 것이다. 여러분에게도 묻고 싶다. 여러분은 지금 어떤 사람들을 만나고 있는가? 서로 도움이 되는 관계인가?

우리가 평생 만날 수 있는 사람의 수는 한계가 있다. 그렇다면 나에게 도움이 될 수 있는 사람을 최대한 많이 만나는 것이 좋다. 나에게 도움이 되는 사람들을 만나기 위해서는 나도 그들에게 도움을 줄 수 있어야 한다. 서로 주고받는 것이 어느 정도 비슷하지 않으면 그 관계는 오래 지속되기 힘들다. 주기만 하는 관계는 부모와 자식이 아닌 이상 지속 가능하지 않다. 물론 아무 조건 없이 주기만 하는 사람도 있지만 그런 관계는 기대하지 않는 것이 낫다.

흔히 첫인상이 중요하다고 한다. 대부분의 사람들은 5초 안에 처음 만난 사람이 어떤 사람인지 판단한다고 한다. 첫인상이 좋은 사람이 일도 무리 없이 수월하게 진행하는 경우를 종종 경험하게 된다. 이런 '초두효과'는 사람들의 머릿속에 강한 인상을 남기고 선입관을 형성하게 만든다.

반면에 잘못해서 누군가에게 좋지 않은 첫인상을 남기면 그것에 대한 나쁜 기억을 돌이키기가 매우 어렵다. 처음부터 좋은 인상을 남겨놓아야 좀더 좋은 인연으로 이어질 확률이 높아진다. 첫인상은 남들로부터 호감을 얻을 수 있는 절호의 기회다. 이런 기회를 놓치지 않으려면 그만큼 노력을 기울여야 한다. 사람을 움직이는 데 가장 중요한 무기는 호감이다. 호감을 얼마나 얻는가에 따라 사람들과의 관계가 발전되고 일의 성공이 판가름 난다. 비호감인 사람과 같이 있거나 일을 하고 싶어하는 사람은 없다. 일단 상대에게 호감을 얻으면 일이 순조롭게 진행된다.

나는 헤드헌터로 2년간 일한 경험이 있다. 그때 대부분의 회사에서 기본 자격을 갖추고 있으면 호감이 가는 사람이 면접에 통과한다는 사실을 알게 되었다. A, B 두 사람이 있는데, A는 회사에서 필요한 모든 조건을 거의 완벽하게 갖추고 있다. B는 A보다 학력, 경력과 영어실력이 다소 떨어진다. 그런데 A는 모든 조건에서 완벽하지만 자신의 능력을 과신한 나머지 거만해 보이는 비호감 스타일이다. B는 A보다는 다소 떨어지지만 회사에서 필요한 능력을 어느 정도 갖추고 있다. 그리고 예의 바르며 진정성 있는 태도를 지닌 호감 스타일이다. 그렇다면 누가 채용될까? 나는 B라고 확신한다. 아무리 완벽한 스펙을 갖추고 있더라도 일은 스펙이 아니라 사람이 하는 것이다. 비호감인 사람이 아무리 일을 잘

한다고 해도 (물론 스펙이 좋다고 일을 잘하는 것도 아니다.) 그런 사람과 일을 하고 싶은 사람은 없다. 그러나 스펙이 조금 떨어지더라도 일을 하는 데 문제가 없다면 호감이 가는 사람과 일하고 싶을 것이다. 나도 일하는 데 특별한 지장이 없다면 당연히 호감이 가는 사람과 같이 일하고 싶다.

그렇다면 남들에게 호감을 얻는 사람은 어떤 사람일까? 누구나 남들이 자신을 좋아해 주기를 바라지만 그리 쉬운 일은 아니다. 나도 마찬가지다. 그동안 많은 인간관계를 맺었지만 나를 좋아한 사람도 있었고 그렇지 않은 사람도 있었다. 내가 좀 더 노력하여 호감을 주는 사람이 되었더라면 좋은 사람들을 더 많이 사귈 수 있었을 것이다. 이미 지난 일은 후회해도 소용없지만, 나는 아직도 살아갈 날이 많이 남아 있기에 앞으로 더 노력한다면 기회는 얼마든지 있다고 생각한다.

그럼 남들로부터 호감을 얻으려면 어떻게 해야 할까? 첫째, 사람을 만나면 미소를 짓는 것이다. 미소는 상대방을 편하게 만든다. 그래서 호감을 얻기 쉽다. 나도 지금까지 만난 사람들 중에 나에게 미소를 지었던 사람들이 가장 기억에 남는다. 몇 년 전 모 컨설팅회사에 면접을 보았다. 그때 면접관이 그 회사의 CEO로 여성이었다. 그녀는 만난 첫 순간부터 끝까지 미소를 잃지 않았다. 너무나 밝은 미소여서 나도 미소를 짓지 않으면 이상할 정도였다. 미소를 짓고 있으니 나도 하고 싶은 얘기를 부담 없이 모두 할 수 있었고 면접을 보는 내내 마음이 편했다. 그 회사에 입사하지는 않았지만 지금도 그 여성 CEO의 미소는 좋은 기억으로 남아 있다.

둘째, 사람을 만나면 인사를 먼저 하는 것이다. 인사를 받으면 내가 존중받는다는 느낌이 든다. 그리고 인사를 잘하는 사람을 보면 기분이 좋아져서 그 사람에게 무엇이든 하나라도 더 신경을 써주고 싶다. 또한 인사를 먼저 받으면 상대는 나의 적이 아니라는 느낌이 든다. 당연히 그런 사람에게는 호감을 갖게 된다. 나는 어렸을 때 이웃어른들과 마주칠 때마다 인사를 했다. 그 어른들은 우리 부모님께 내가 인사를 잘한다고 칭찬하였다. 나도 기분이 좋았고 부모님도 기뻐하셨다. 내가 인사를 잘하여 이웃어른과 부모님, 나 자신이 모두 기분이 좋아진 것이다.

셋째, 바른 자세를 갖는 것이다. 일단 가슴을 쭉 펴고 몸을 바로 세운다. 몸이 구부정하면 자신감이 없어 보이고 남들에게도 부정적 인상을 준다. 나도 자세가 약간 구부정하여 전에 다니던 회사의 사장으로부터 지적당한 적이 있다. 그때 나는 자세에 문제가 있음을 깨닫고 자세 교정 전문학원을 1년 정도 다녔다. 지금도 바른 자세를 위해 매일 운동을 한다. 자세가 구부정하면 남들에게 부정적 인상을 주지만, 자세가 바른 사람은 신뢰를 주고 일을 같이 하고 싶어진다. 앉아 있을 때도 마찬가지다. 대화를 나눌 때 자세가 바르지 않은 사람을 보면 얘기하기가 꺼려지고 집중해서 듣기도 어렵다. 그런 사람에게는 호감을 느끼기 어렵다.

사람들과의 관계에서 호감은 중요한 요소다. 남들로부터 호감을 얻을 수 있다면 반은 성공한 셈이다. 호감이야말로 인간관계의 성패를 결정짓는 중요한 요소다. 여러분은 남들로부터 호감을 얻고 있는가? 그렇다면 성공에 가까이 다가가 있다.

PART 5

인테그리티

인테그리티(Integrity)는 성실, 정직, 신뢰, 도덕성, 책임감 등 인간으로서 지녀야 할 기본적 덕목을 말한다

인테그리티는 그 사람이 어떤 인격과 됨됨이를 가지고 있는가를 보여주는 척도다. 인테그리티가 있는 사람은 어떤 일이든 잘할 수 있고 남에게 좋은 영향력을 줄 수 있다. 그런 사람은 어떤 일을 하든지 성공할 가능성이 높다. 그러나 인테그리티가 있는 사람은 그리 많지 않다.

아무리 실력이 있고 능력이 있는 사람도 인테그리티가 없으면 그런 실력과 능력이 가치를 발휘하기 힘들다. 오히려 실력과 능력이 부족해도 인테그리티가 있는 사람이라면 시간은 다소 걸릴지라도 실력과 능력을 갖출 수 있다.

인테그리티를 갖추기란 쉽지 않다. 자신에 대해 엄격한 기준

을 가지고 있지 않으면 인테그리티를 갖추기 어렵다. 인테그리티가 없는 사람이 인테그리티를 갖추기 위해서는 큰 계기를 가지고 자신을 완전히 변화시켜야 한다. 그런 각고의 노력이 있어야만 가질 수 있는 것이 인테그리티다.

어떤 일을 할 때 가장 중요한 것은 무엇일까? 여러 가지를 들 수 있겠지만, 나는 무엇보다도 성실이라고 생각한다. 인생을 성실하게 사는 것은 인간의 기본자세다. 성실하지 않고 이룰 수 있는 일은 아무것도 없다. 이것은 어느 누구도 예외일 수 없다. 불성실한 사람은 인생에 대한 책임감이 없어 보이므로 좋게 보이지 않는다. 그러나 성실한 사람을 보면 기분이 좋아지고 본받고 싶어진다. 그런 사람에 대해서는 신뢰가 가고 도움도 주고 싶다.

성실함은 일시적인 것이 아니라 지속되어야 그 가치가 살아난다. 남들을 속이기 위해 잠깐 성실한 척할 수는 있지만 그런 눈속임을 지속적으로 하기는 어렵다. 성실한 사람은 어떤 일이든 잘할 수 있다. 어려운 일도 성실하게 꾸준히 하다 보면 이룰 수 있는 가능성이 커진다. 성실함은 일을 잘하기 위해 필요한 첫째 요소다. 성실하면 잘하지 못하는 일도 금세 익숙해진다. 머리가 좋다고 성실한 것도 아니다. 오히려 잔꾀를 부릴 가능성이 크다. 성실함은 누가 자신을 알아주는 것과 상관없이 묵묵히 자신의 일을 꾸준히 하는 것이다. 성실하면 먹고사는 기본적인 생활은 어느 정도 해결된다. 성실한 사람이 어려운 상황에 놓이면 누군가 반드시 도와주게 마련이다. 물론 성실하다고 해서 모든 일을 성공할 수 있다는 건 아니다. 성실함 외에도 다른 필요한 것들이 많이 있다. 그러나 다른 모든 조건을 갖추고 있어도 성실함이 없다면 무용지물이 되고 만다.

나는 교수로 2년간 학생들을 가르치면서 실력 있는 학생보다는 성실함을 갖춘 학생들을 선호하였다. 성실함을 판단하는 첫째 요소는 출석을 제때에 잘하는 것이다. 이것은 학생으로서 기본이다. 그러나 출석을 제때에 잘하는 학생은 의외로 적었다. (사실 나도 대학에 다닐 때 그랬다.) 나는 학생들을 졸업과 동시에 취업을 시켜야 했다. 그러나 불성실한 학생들을 회사에 추천해야 할지 고민스러웠다. 당시에 내가 학생들을 소개한 회사들은 대부분 나와 개인적으로 인연이 있는 곳이었다. 불성실한 학생들을 회사에 취업시킨다고 해서 그것이 학생과 기업에 도움이 될지 의문이었다. 나는 어떤 일이든 상호간에 도움이 되어야 한다고 생각한다. 성실하지 않은 학생을 잘 포장해서 회사에 취업시킨다면 그 회사에 누가 될 수 있다. 반면에 나는 성적은 조금 떨어져도 성실함을 갖춘 학생은 어느 회사든 적극적으로 추천하였다. 나는 성실하면 일은 얼마든지 배울 수 있다고 생각한다. 그러나 실력이 있어도 성실하지 않은 학생은 추천하고 싶지 않았다. 성실하지 않으면 실력만으로는 오래 가지 못한다.

한 가지 사례를 들어보겠다. 우리 학과에 A와 B, 두 학생이 있었다. A는 실력은 있지만 수업을 자주 빼먹었고 수업시간에도 적극적이지 않았다. A는 이 학교가 자신의 수준에 맞지 않는다고 생각하여 학교생활에 관심이 없는 것 같았다. 반면에 B는 기본적인 것도 잘 모를 정도로 실력이 크게 부족하지만 적극적으로 배우려 노력하고 출석도 제때에 잘했다. 그리고 교수에 대한 예의도 잘 갖추고 있었다. 두 학생을 비교하는 것은 좀 그렇지만 나는 A보다 B를 선호하였다. 그래서 B에 대해 더욱 관심을 가지고 지도하였다.

워런 버핏 Warren Buffett도 주위에 사람을 두거나 비즈니스 파트너를 정할 때 성실함, 에너지, 지능, 이 세 가지를 본다고 한다. 그러나 성실함이 없다면 나머지 둘은 무용지물이 될 뿐만 아니라 오히려 피해를 가져올 수도 있다고 한다. 워런 버핏은 성실함이야말로 인간의 가장 중요한 덕목이라 생각했다. 성실함은 남으로부터 호감을 얻게 할 뿐만 아니라 자신의 일도 더욱 잘할 수 있게 하는 계기가 된다.

성실하다면 성공할 수 있는 기본요건을 갖춘 셈이다. 그런데 성실하기 어려운 이유는 무엇일까? 아마 꾸준하게 행동을 해야 하기 때문일 것이다. 누구나 처음에는 성실하게 보일 수 있다. 그러나 진정으로 성실하다면 지속적으로 행동해야 한다. 아무리 쉬운 일도 지속적으로 하기는 어렵다. 성실함은 작은 일을 꾸준하게 실천하는 것이다. 작은 일도 꾸준하게 하면 큰 일이 된다. 그리고 큰 일도 작은 일에서 시작되는 법이다. 성실함이 없다면 작은 일뿐만 아니라 큰 일도 이룰 수 없다.

성실하면 누구에게나 큰 기회가 올 수 있다. 성실한 사람에게는 사업 제안이나 스카우트Scout 제안이 온다. 믿을만한 사람이기 때문이다. 내가 사장이라도 성실한 사람은 어떤 일을 맡겨도 잘할 수 있을 것이라고 믿을 것이다. 아마 대부분의 사람이 마찬가지일 것이다.

여러분은 성실한가? 그리고 여러분이 성실하게 하는 것은 무엇인가? 그 성실함을 끝까지 지킬 수 있는가?

정직하면 손해를 본다는 말을 많이 한다. 정직하면 자신의 이익을 챙기기 어렵고, 남들은 정직하지 않은데 나만 정직하면 손해라는 느낌이 들기 때문이다. 그런데 과연 그럴까? 물론 정직함 때문에 손해를 볼 수도 있지만, 장기적으로 보면 절대 손해가 아니다. 정직하지 않은 사람은 신뢰를 얻기 어렵다. 비즈니스를 할 때 상대방을 속이면 처음에는 이익을 볼 수도 있다. 그러나 비즈니스는 일회성이 아니라 지속적인 것이다. 상대방도 바보가 아닌 이상 언젠가 당연히 사실을 알 수밖에 없고, 그럼 거래가 이어질 수 없다. 누가 정직하지 않은 사람과 거래를 계속하겠는가? 정직하지 못해서 거래가 끊긴다면 손해를 본 것이다. 한 순간의 이익을 위해 장기적으로 얻을 수 있는 이익을 날려버렸기 때문이다.

정직한 사람은 남에게 이로움을 주므로 사람들이 선호한다.

나는 허풍이 센 사람을 좋아하지 않는다. 허풍쟁이는 말이 많다. 자신을 과장하고 시도 때도 없이 자기 자랑을 한다. 사람은 자신의 말에 책임을 져야 한다. 사실도 아닌 것을 크게 부풀려서 얘기하는 허풍쟁이의 말은 믿기 어렵다. 그 말을 그대로 믿었다가는 낭패를 보기 쉽다. 따라서 상대방의 말을 들을 때 그 사람이 어떤 사람인지 파악하고 필요에 따라 말을 가려들어야 한다. 나는 허풍쟁이와는 거리를 두려고 한다. 나도 모르게 그의 모습을 닮아갈 수도 있고, 허풍을 듣는 것도 싫기 때문이다.

나도 완벽하게 정직하지 않을 수도 있지만, 최대한 정직하게 살려고 노력한다. 나는 사람들을 만나면 말을 많이 하지 않는 편이다. 말이 많아지면 책임지지 못할 말을 하거나 솔직하지 않을 수도 있기 때문이다. 그리고 농담도 함부로 하지 않는다. 혹시라도 상대방에게 거슬릴 수 있기 때문이다. 그래서 사람들이 나를 재미가 없다고 느낄 수도 있다. 그러나 나는 내가 하는 말에 진실을 담고 싶다. 혹시라도 거짓된 말을 하면 나 자신이 용서가 되지 않는다.

위인들 중에는 정직한 사람이 많다. 미국의 제16대 대통령 에이브러햄 링컨Abraham Lincoln은 너무나 정직한 인물이었다. 그는 어린 시절 시골 작은 가게에서 점원으로 일했다. 가게에서 물건을 팔고 난 후 그날 정산을 해보았더니 10센트가 남았다. 꼼꼼히 다시 계산해 보니 앤디^{Andy} 할머니에게 거스름돈 10센트를 주지 않았던 것이다. 그래서 바로 4킬로미터나 떨어진 할머니 댁으로 달려가 그 돈을 돌려주었다. 앤디 할머니는 10센트 때문에 이 밤중에 달려왔냐며 깜짝 놀라면서 고마워했다. 링컨은 1센트였더라도 할머니 돈이니 돌려드려야 한다고 대답하였다.

링컨의 정직한 행동은 어른이 되어서도 이어졌다. 그가 주 의회 의원 선거에 출마했을 때 당으로부터 선거자금 200달러를 받게 되었다. 선거운동 참모들은 돈이 너무 적다며 불평하였다. 그러나 링컨은 돈의 액수에 크게 구애 받지 않았다. 그 후 링컨은 당당히 선거에서 당선되었다. 나중에 당에 보낸 다음과 같은 편지 내용이 공개되면서 그가 얼마나 정직한 사람인지 알려졌다.

"남은 선거자금을 돌려드립니다. 연설회장 경비는 개인 돈을 사용하였고 교통비는 말을 타고 다녔기 때문에 돈이 들지 않았습니다. 다만 선거운동 중에 한 노인이 목이 마르다 해서 음료수를 사드리는 데 75센트를 사용하였습니다. 75센트를 제외하고 199달러 25센트를 반납합니다."

링컨은 '어니스트 에이브'라는 별명을 얻게 되고, 정직함 덕분에 미국 대통령이 될 수 있었다.

정직함은 자신뿐만 아니라 남에게도 이익을 준다. 미국에서 사업에 성공한 2,000명을 대상으로 성공할 수 있었던 이유에 대해 조사한 결과 가장 큰 성공 비결은 바로 정직함이라고 한다. 정직하면 믿을 수 있는 사람이라는 인식을 준다. 그런 사람들과는 누구나 거래를 하고 싶어하므로 보다 좋은 조건에서 오랫동안 거래할 수 있다.

정직함은 무엇과도 바꿀 수 없는 중요한 가치다. 그러나 사람들은 갈수록 정직함의 중요성을 망각하는 것 같다. 2019년말 흥사단 윤리연구센터에서 약 두 달간에 걸쳐 전국의 성인과 청소년을 대상으로 실시한 정직 지수 조사결과를 발표하였다. 조사결과를 보면 성인의 정직 지수는 60.2점으로 청소년 정직 지수인 77.3점에 비해 크게 낮은 것으로 나타났다. 조사항목은 직장, 사회, 가정, 친구와 인터넷 부문의 25개 문항이다. 정직 지수는 초등학생이 가장 높았고 20대가 51.8점으로 최저였다. 그리고 30대부터 조금씩 향상되지만 모든 연령대가 청소년에 비해 크게 낮은 것으로 나타났다.

이처럼 우리 사회에서는 정직함의 중요성에 대한 인식이 낮다고 할 수 있다. 정직함이 부족할수록 사회가 부담하는 사회적 비용은 커진다. 정직하지 않은 사회가 되면 남을 속이면서까지 자신의 이익을 추구하게 된다. 그렇게 되면 더욱 살기 힘든 각박한 사회가 될 것이다.

정직하지 않으면 자신에게 떳떳할 수 없을 뿐만 아니라 남에게도 정직하라고 얘기할 수 없다. 자신의 자식들에게도 정직함의 중요성을 가르칠 수 없다면 어떻게 되겠는가? 우리 사회는 각종 비리와 사기가 판치게 될지도 모른다. 그렇다면 경제적으로 풍요로워지더라도 선진국이 될 수 없다. 어려운 경제상황에서 먹고살기가 힘들어 정직함의 중요성에 관심이 없을 수도 있다. 당장 자신의 생계가 급하기에 다른 사람에게 신경 쓸 겨를이 없는 것이다. 그러나 세상은 남들과 함께 살아가게 되어 있으므로 서로 정직하고 믿을 수 있어야 한다. 정직함은 선택의 문제가 아니라 시민으로서 반드시 갖추어야 할 덕목이다. 자신이 정직하지 않다면 다른 사람에게 정직함을 기대할 수 있겠는가? 서로 믿고 살 수 있는 사회가 되려면 우리 모두 정직해야 한다.

여러분은 남을 얼마나 믿는가? 우리 사회는 곳곳에 불신이 팽배해 있는 불신의 사회가 된 것 같다. 사람을 너무 믿는 것이 왠지 모르게 불안하고 손해를 볼 것 같은 느낌이 들게 된다. 나도 잘 모르는 사람이 지나치게 친절하면 왠지 나에게 어떤 목적이 있어서 그런 것이라고 경계하게 된다. 일단 남을 쉽게 믿지 못하는 것이다. 나만 그런 게 아니라 대부분의 사람들이 마찬가지일 것이다. 우리 사회의 분위기가 그런 식으로 변한 것 같다. 한국에서는 남들에게 지나치게 친절하게 대하면 오해를 사기 쉽다. 그러니 적당히 거리를 두는 게 편하다. 참으로 안타까운 상황이다. 아무 사심 없이 친절하게 대하는 것이 무슨 꿍꿍이가 있는 것으로 오해를 받으니 말이다.

자신을 먼저 믿지 못하면 타인도 믿지 못한다. 그 이유는 남도 자신과 같다고 생각할 가능성이 크기 때문이다. 나는 남과 같이 일하기 전에 그 사람이 얼마나 신뢰할 수 있는지 먼저 생각해 본다. 아무리 능력이 훌륭하고 돈이 많다 하더라도 믿지 못할 사람이라면 절대로 같이 일하지 않는다. 그럼 어떻게 그 사람이 믿을 수 있는지 여부를 판단할 수 있을까? 평소에 그 사람이 하는 말을 잘 들어보면 판단할 수 있다. 그 사람이 자신이 한 말을 잘 지키는지를 보면 된다. 즉 언행일치가 되는 사람이라면 믿을 수 있는 사람이라고 생각한다. 대표적인 것이 시간약속이다. 내 주변 사람들은 시간약속을 잘 지키지 않는다. 10분 정도는 기다릴 것을 각오해야 한다. 귀중한 시간 10분을 빼앗기는 것이다. 시간약속을 잘 지키지 않는 사람은 그런 습관이 몸에 배어 있어 다른 일도 마찬가지일 가능성이 크다. 그래서 시간약속을 잘 지키지 않는 사람은 신뢰할 수 없다. (물론 어쩌다가 사정이 있어 늦는 경우는 예외다).

다음은 그 사람이 거짓말을 잘하는 사람인지를 본다. 사소한 것이라도 거짓말을 자주 한다면 신뢰할 수 없는 사람이다. 사소한 거짓말이라도 그 거짓말을 정당화시키기 위해 다른 거짓말을 하게 된다. 그것이 아니더라도 작은 거짓말을 들키지 않으면 조금 더 큰 거짓말을 하게 된다. 이런 식으로 거짓말은 통제할 수 없을 정도로 커지게 되고 나중에는 거짓말이 들통나게 된다. 자신이 한 말에 대한 책임을 지지 않고 거짓말을 밥 먹듯이 하면 신뢰할 수 없는 사람이 된다. 말은 그 사람이 어떤 사람인지 보여주는 가장 확실한 증거이다. 말에 진심이 묻어나지 않는다면 그 사람은 신뢰할 수 없다.

지금까지 많은 사람들을 만났지만 신뢰할 수 있는 사람들보다 신뢰할 수 없는 사람들이 더 많았다. 그만큼 남들에게 신뢰를 얻는 게 쉬운 일이 아니다. 신뢰를 쌓는다는 것은 장기간의 노력이 필요한 어려운 일이다. 그러나 그렇게 얻은 신뢰도 한 번의 잘못된 행동으로 무너지기도 한다. 어떤 일을 하더라도 신뢰는 반드시 필요하다. 새로운 사업을 시작해서 고객에게 제품을 팔려면 먼저 신뢰를 쌓아야만 한다. 고객은 신뢰할 수 없는 사람으로부터 제품을 구입하지 않는다. 사람의 신뢰도가 제품의 가치까지 결정하게 되는 것이다. 믿을 수 있고 신뢰할 수 있는 사람이라면 사업자금도 보다 쉽게 빌릴 수 있다. 이처럼 신뢰는 어떤 일을 하든지 많은 도움이 된다.

선진국이 되려면 경제여건 외에 국민간의 신뢰가 무엇보다 중요하다. 신뢰관계는 사회적 자본이 되고 사회적 자본이 있는 나라가 진정한 선진국이라 할 수 있다.

그럼 신뢰가 있는 사회가 되면 어떤 점이 이로울까? 무엇보다 거래비용이 줄어든다. 거래비용은 어떤 것을 상호간에 교환하기까지 발생하는 비용이다. 상호간에 신뢰가 없다면 여러 가지 비용이 많이 든다. 예를 들면 상호간에 신뢰가 강한 사이라면 거래시에 계약서를 작성하지 않고 그냥 믿고 거래하면 된다. 그러나 서로 믿지 못하는 관계라면 계약서를 정확하게 작성한 뒤에도 계약대로 상대가 이행하는지 감시해야 해서 감시비용이 들게 된다. 게다가 만약 상대가 거래를 이행하지 않으면 소송을 걸어서라도 피해를 돌려받아야 하므로 이에 따른 비용도 들게 된다.

통계청이 2019년 말에 발표한 조사 결과를 보면 우리 사회에 대해 믿을 수 있다고 답변한 사람이 50.9%이고, 믿을 수 없다고 답변한 사람이 49.1%로 나타났다. 믿을 수 있다고 답변한 비율을 지역별로 비교해 보면 농어촌지역이 54.2%, 도시 지역이 50.2%로 나타났다. 학력별로는 대졸 이상이 54.6%, 고졸이 46.3%였다. 연령별로는 13-19세가 54.8%, 20-30대는 50% 미만이었다.

이처럼 우리 국민은 반 정도가 사회에 대해 불신하는 것으로 나타났다. 그러나 자기 분야에서 성공한 사람들은 신뢰도가 높은 편이다. 신뢰할 수 있는 사람이 성공할 수 있는 것이다. 베스트셀러 작가이자 성공 코치인 롭 졸스Rob Jolles는 진정한 성공을 위해서는 처음 만나는 사람이 나를 100% 신뢰할 수 있게 해야 한다고 했다. 이를 위해 필요한 것은 설득력, 진실 그리고 긍정의 힘이고 이런 요소들이 하나로 되는 것이 바로 신뢰라고 한다. 즉, 타인이 나를 믿게 만들어야 일이 순조롭게 진행될 수 있고 그 일에 대해 지지를 받을 수 있다는 것이다. 누구나 자신이 신뢰하는 사람이 잘되기를 바라기 때문에 그 사람을 도와준다. 반대로 남들이 나를 불신하게 되면 어떤 일도 잘 해내기 어렵다. 무슨 일이든 혼자 힘으로 성공하기는 어려우므로 주위 사람들과 신뢰관계를 쌓아야 한다.

여러분은 어떤가? 신뢰할 수 있는 사람인가? 만약 이에 대해서 확실하게 대답하기 어렵다면 반드시 신뢰부터 쌓을 필요가 있다. 일은 그다음이다. 대인관계에서 신뢰가 부족하다면 어떤 일도 쉽게 이룰 수 없다는 사실을 명심하기 바란다.

#4 _ 도덕성

        도덕은 초등학교 때 배우는 과목이다. 초등학교 때 배운 내용이 다 기억나지는 않지만 사회를 살아가면서 반드시 지켜야 할 내용을 배운 것 같다. 고등학교 때에는 윤리라는 과목이 있었다. 도덕이나 윤리는 법으로 정해 놓지는 않았지만 한 사회에서 살아가면서 지켜야 하는 도리다. 도덕이나 윤리를 따르지 않았다고 법적인 문제가 되는 것은 아니다. 그러나 도덕과 윤리는 인간으로서 양심을 가지고 지켜야 하는 덕목이므로 이를 잘 지키지 않으면 지탄의 대상이 된다. 특히 어느 정도 사회적 지위가 있는 사람들일수록 보다 엄격한 도덕성이 요구된다. 사회를 이끌어가는 사람으로서 다른 사람의 본보기가 되기 때문이다. 최근 대기업 오너들의 갑질도 도덕성이 결여되어 나타난 결과라고 볼 수 있다. 자신보다 지위가 낮은 사람들을 무시하거나 홀대하는 태도는 도덕적으로 문제가 있으므로 많은 사람들로부터 손가

락질을 받는다.

최근 기업의 윤리경영에 대한 중요성이 부각되고 있다. 기업이 윤리적이지 않으면 많은 소비자로부터 외면 받게 된다. 기업이 윤리경영을 한다고 해서 바로 성과가 나는 것은 아니지만 장기적으로 보면 성과와 많은 연관이 있다는 연구 결과가 있다. 소비자들도 착한 기업에 관심이 많다. 그래서 착한 기업의 제품을 SNS에 올리거나 그 기업을 홍보하는 사례를 흔히 찾아볼 수 있다.

과거 우리 사회는 도덕과 윤리에 무관심했다. 과거에는 우리나라가 선진국에 비해 도덕적 기준이 낮았기 때문이다. 지금은 우리나라도 도덕적 기준이 더욱 높아졌다.

사람도 도덕적이고 윤리적이면 남들로부터 많은 호감을 사게 마련이다. 그럼 어떤 일이 도덕적이고 어떤 일이 그렇지 않다고 판단할 수 있을까? 나는 어떤 일을 할 때 스스로 떳떳하고 남들에게 자신 있게 말할 수 있다면 도덕적이라 생각한다. 반대로 어떤 일을 하면서 스스로 당당하지 못하고 남들에게 자신이 있게 말하지 못한다면 그 일은 도덕적이라고 볼 수 없다.

누구나 완벽하게 도덕적일 수는 없다. 인간은 기본적으로 이기적인 존재다. 성인군자가 아닌 이상 남의 이익보다는 자신의 이익을 우선하여 행동하게 된다. 그러니 어느 정도 마음의 단련을 하지 않은 상태에서 도덕적으로 행동하기는 어렵다. 또한 순간적인 판단 실수로 비도덕적인 행동을 할 수도 있고, 예기치 않게 비도덕적인 행동을 할 수도 있다. 그러나 최대한 도덕적으로 행동하면 자신에게 더 떳떳해질 것이다. 도덕적으로 행동하면 잠시 손해를 보더라도 나중에는 더 많은 이익을 볼 수 있다. 순간적인 이익 때문에 도덕적이지 못한 행동을 거리낌없이 하는 경우도 있다. 이런 행동은 동조효과로 남에게도 영향을 주어 다른 사람들도 똑같이 행동하게 만든다. 이런 행동이 자연스럽게 받아들여지게 되면 도덕적 판단도 흐려지게 된다.

남이 볼 때는 도덕적으로 행동하지만 남이 보지 않을 때는 그렇지 않은 사람들이 있다. 그러나 남이 아니라 자신을 위해 도덕적으로 행동해야 한다. 자신은 도덕적이지 않으면서 남이 도덕적이기를 바라는 것은 이기적이다. 대부분의 사람들은 과거의 잘못된 행동을 쉽게 기억하지 못하고 자신이 도덕적이라고 생각한다. 자신에게는 도덕적 기준이 관대하지만 남에게는 엄격한 경우도 흔히 볼 수 있다. 사회적 지위가 높을수록 엄격한 도덕적 기준을 가지고 있어야 한다. 지위가 높은 사람일수록 조금이라도 잘못된 행동을 하면 바로 남의 눈에 띄기 때문에 자칫하면 한순간에 몰락의 길로 접어들 수 있다. 많은 유명인사들이 한순간의 잘못된 판단으로 인해 몰락한 것을 보았을 것이다.

2008년에 EBS 다큐프라임에서 〈아이의 사생활〉이라는 도덕성에 대한 프로그램을 방영한 적이 있다. 이 프로그램에서는 아이의 도덕성이 결과적으로 성공과 행복으로 이어진다는 것을 보여주었다. 도덕지수가 낮을수록 욕구와 욕망을 절제하지 못하고 순간의 유혹을 참지 못하며 자제력을 잃기 쉬운 것으로 나타났다. 따라서 각종 범죄에 연루될 가능성이 커진다. 도덕지수가 높은 아이들은 좌절 극복 능력, 인생에 대한 만족도나 희망, 행복도, 삶에 대한 긍정성 등이 높은 것으로 나타났다. 반면에 도덕지수가 낮을수록 세상에 대해 원망하고 운명을 탓하며 자신감이 떨어졌다. 도덕적이면 손해 본다는 것은 잘못된 생각이다. 도덕적일수록 우리는 더욱 잘살 수 있다는 사실을 명심해야 한다.

우리는 살아가면서 다양한 상황을 맞게 되고 그때마다 올바른 판단을 해야 한다. 확실한 도덕적 기준을 가지고 있지 않고 남들이 하는 대로 따라서 행동하면 비도덕적 행동을 할 가능성이 커진다. 무의식적으로 이런 행동에 익숙해지면 나도 모르게 습관이 된다. 예를 들어 남들이 쓰레기를 아무 데나 마구 버리면 나도 모르게 쓰레기를 슬쩍 버리게 된다. 그러나 남이 그렇게 했다고 해서 나의 행동이 정당화될 수는 없다. 쓰레기를 아무 데나 버리는 것이 대단한 일은 아니어도 도덕적으로는 분명히 문제가 있다. 이런 작은 행동을 무심코 넘어가면 문제가 점점 커질 수 있다. 자신의 모든 행동에 신중을 기할 필요가 있다. 나도 쓰레기를 슬쩍 버린 적이 한 번도 없다고 단언할 수는 없지만, 작은 행동도 조심하려고 노력하는 중이다.

여러분은 어떤가? 여러분의 작은 행동이 다른 사람에게도 영향을 줄 수 있다. 자신의 행동에 당당하지 못하다면 자제해야 한다. 모든 변화는 자신으로부터 시작된다. 나부터 이런 행동을 조심하면 더 나은 사회가 될 것이다.

책임감은 어떤 잘못이나 일에 대해 책임을 지는 것을 말한다. 누구나 자신이 하는 일에 책임감을 느끼고 최선을 다해야 한다는 것은 알고 있다. 자신의 일에 최선을 다하는 책임감을 가진다면 어떤 일도 해낼 수 있다. 각자가 자신의 일에 책임을 다한다면 사회는 발전하게 된다.

책임감은 자신의 존재를 확인시켜 준다. 자신의 책임을 다했을 때 자아실현도 이루어진다. 자신의 일에 책임을 다하는 사람은 아름답다. 그런 사람들을 보면 우리 마음도 흐뭇해진다. 또한 자신이 맡은 일에 책임을 다하면 스스로에 대해서도 당당해진다. 책임감은 자신을 더욱 성장하게 만들고 책임감이 강할수록 많은 사람들에게 이로움을 준다. 그러나 책임을 다하기란 결코 쉬운 일이 아니다. 자신은 책임을 다했다고 말해도 정말로 책임을 다했는지는 모를 일이다. 그만큼 책임을 다한다는 것은 어려운 일이다.

몇 년 전 취업포털 '사람인'이 432개 기업을 대상으로 핵심 인재의 최우선 조건을 조사한 적이 있다. 그 조사결과를 보면 기업에서 말하는 핵심 인재 1위는 책임감이 강한 인재가 41.9%로 나타났다. 2위는 15.7%로 직무 관련 전문지식을 갖고 있는 인재이고, 3위는 10.9%로 탁월한 성과를 내는 인재다. 4위는 10.2%로 적극적으로 일에 도전하는 인재이며 5위는 8.3%로 넓은 시야를 가지고 있는 미래지향적인 인재다. 마지막으로 6위는 4.4%로 변화에 능동적으로 대처하는 인재다.

핵심인재가 갖춰야 하는 조건에 대한 조사에서도 책임감이 52.3%로 1위를 차지했다. 다음은 인성과 됨됨이가 48.6%이고 소통능력이 33.8%, 도전정신 및 집념이 31.7%, 긍정적 사고 28%, 리더십 16.2%, 창의성 13.9%로 나타났다.

이처럼 많은 기업에서도 책임감이 강한 인재를 가장 선호하는 것으로 나타났다. 그만큼 일에 있어서 책임감이 무엇보다 중요하다. 아무리 능력이 있고 성과를 잘 내는 사람이라도 자신의 일을 대충 한다면 기업에서 선호하지 않는다.

한편 자신이 저지른 잘못에 대해서도 책임질 수 있어야 한다. 우리나라의 고위층 사람들이 자신의 잘못을 인정하지 않고 남 탓을 하는 경우를 자주 보게 된다. 이런 사람들은 책임감이 없다고 할 수 있다. 남 탓을 하는 건 자신은 책임이 없다는 말을 하는 것과 다름 없다. 그럼 주변 사람들과의 관계가 악화될 뿐만 아니라 자신에 대한 개선의 여지도 사라진다. 잘못이 없으니 개선할 것이 없다고 여기기 때문이다. 그러나 자신의 잘못을 인정하고 책임을 지려는 자세를 보이는 사람은 책임감이 투철하다고 인정받고 남들로부터 용서를 받는다. 부하의 잘못도 자신의 잘못이라며 책임지는 태도를 갖는 리더는 부하들이 따를 수밖에 없다. 그러나 자신의 잘못도 부하에게 떠넘기는 리더는 아무도 따르지 않을 것이다. 물론 말로는 책임을 지겠다고 할 수는 있지만, 진정한 리더는 말이 아니라 행동으로 책임진다. 말로만 책임지겠다는 리더는 리더의 자격이 없다.

이순신 장군은 책임감이 강한 대표적인 인물이다. 어느 눈 오는 추운 날 부인이 어린 자식을 데리고 찾아왔다. 그때 이순신 장군은 근무 중이었기 때문에 아내를 바로 만나지 않고 밖에서 기다리게 했다. 근무가 끝난 뒤 아내를 만난 이순신 장군은 근무 중에 면회를 하면 규율을 어기는 것이라고 했다. 그리고 장군인 자신이 모범을 보여야 군의 기강이 산다며 다시는 근무 중에 면회를 오지 말라고 했다. 이순신 장군은 파직되어 옥에 갇혔을 때에도 자신은 잘못이 없지만 남에게 책임을 돌리지 않았다. 그의 책임감은 백성들과 나라에 대해서도 이어져 백성들을 소중하게 여기고 나라에 충성을 다했다. 마지막 전투인 노량해전을 피할 수 있었지만 목숨을 걸고 전투에 임하여 죽음을 맞았다. 이처럼 이순신 장군은 그 누구보다 책임감이 강했다. 그런 강인한 책임감이 그를 영웅으로 만들었다.

우리는 살아가면서 책임을 져야 할 일이 많다. 책임을 지면 권리도 누릴 수 있다. 그러나 책임은 지지 않고 권리만 누리려는 사람들이 너무 많다. 책임을 져야 권리도 생기는 법이다. 이 두 가지는 상호 보완적이고 서로 뗄 수 없는 관계다. 책임이 클수록 권리도 커진다. 아무튼 리더의 자리에 있는 사람일수록 모든 일에 책임을 지려는 자세가 필요하다.

책임감이야 말로 성공에 가장 기본이 되는 자질이다. 책임감을 갖추려면 끊임없는 노력이 필요하고, 자신을 단련하지 않고는 책임감을 키울 수 없다.

PART 6

가치

인생에서 가치는 중요하다

우리는 가치에 따라 삶에서 의미를 느끼기도 하고 가치를 위해 자신을 희생할 수도 있다. 가치가 있다고 생각하는 일에는 최선을 다할 수 있지만 가치를 느끼지 못하는 일은 지겹고 지루하다. 물건에도 가치는 중요하다. 가치 있는 물건일수록 비싸다. 그만큼 쓸모가 크다는 것이다. 반대로 가치가 없는 것은 쓸모가 거의 없고 돈의 가치로도 평가할 수 없다.

누구나 인생을 살아가면서 자신이 중요하게 생각하는 가치를 가지고 있어야 한다. 그리고 그런 가치를 지키기 위해 노력해야 한다. 인생에서 가치를 잃어버리면 방황하기 쉽다. 자신이 생각하는 가치를 지키는 일이야말로 인생에서 무엇보다 소중하다.

어떤 일을 하든 가치가 중요하다. 아무리 돈이 중요해도 가치가 없는 일은 하지 말아야만 한다. 돈을 벌지 못하더라도 그일이 진정한 가치가 있다면 적극적으로 해야 한다. 나아가 자신의 가치를 높이기 위해서도 노력해야 한다. 자신의 가치를 높이는 것은 자신의 효용을 높이고 사회에도 기여할 수 있기 때문이다.

가치는 3가지의 사전적 의미를 지니고 있다. 첫째, 사물이 지니고 있는 쓸모다. 둘째, 대상이 인간과의 관계에 의하여 지니게 되는 중요성이다. 셋째, 인간의 욕구나 관심의 대상 또는 목표가 되는 진, 선, 미 따위를 통틀어 이르는 말이다. 이렇듯 가치라는 말은 여러 가지 의미로 쓰이고, 살다 보면 다양한 가치를 접하게 된다. 가치의 대상은 물건이 될 수도 있고 무형의 존재가 될 수도 있으며 사람이 될 수도 있다. 또한 어떤 사람에게는 중요하지만 다른 사람에게는 중요하지 않은 가치도 있다. 나아가 자신이 그것에 어떤 의미를 부여하는가에 따라 가치는 상승하기도 하고 하락하기도 한다.

이렇듯 우리는 다양한 가치 속에서 생활하고 있다. 가치에 대한 판단은 개인의 몫이다. 누군가에게는 아주 유용하게 쓰일 수 있는 물건이 다른 사람에게는 쓸모가 없을 수도 있다. 나에게 가치가 없는 물건을 남에게 주면 가치 있게 쓰일 수도 있다. 이처럼 가치는 상대적일 수 있지만, 대부분의 사람들이 가치를 느끼는 물건은 비슷하다. 예를 들면 금과 같은 경우 누구나 가치가 있는 것으로 인식한다. 물건에 대한 가치는 주로 돈으로 계산된다. 돈의 액수가 높을수록 가치가 크다고 여긴다. 그러나 가치가 거의 없는 물건을 가공의 과정을 거쳐 가치가 있는 것으로 만들 수도 있다. 예를 들면 큰 가치가 없는 돌을 잘 손질해서 조각품을 만들면 가치가 매우 높아진다.

앞에서 언급한 것처럼 가치라는 말은 사물에만 쓸 수 있는 건 아니다. A라는 가치를 추구하는 사람이 있는가 하면 B라는 가치를 추구하는 사람도 있다. 이것은 옳고 그름의 문제가 아니다. 단지 사람마다 추구하는 가치가 다를 뿐이다. 나와 다른 가치를 추구하는 사람을 비난할 수는 없다. (만약 비난한다면 그 사람이 잘못하는 것이다.) 그 사람에게 그 가치가 더 중요한 것일 테니 말이다. 가치의 크기는 그 사람이 그것을 얼마나 소중하게 여기는가에 따라 달라진다. 그 사람이 추구하는 가치가 자신의 목숨보다 중요할 수도 있다. 실제로 자신이 추구하는 가치를 지키기 위해 목숨을 바치는 경우도 있다. 이때의 가치는 목숨보다 소중한 것이다. 사람은 가치를 추구하는 존재라고 할 수 있다. 매일 아무 가치를 느끼지 못하고 산다면 살아야 할 이유가 없기 때문이다. 그만큼 가치는 인간에게 없어서는 안 될 요소이며 인생에서 무엇보다 중요하다. 우리가 살아가는 이유는 가치를 추구하기 위해서라고 할 수 있다. 그런 가치가 어떤 것인가는 개인에 따라 다를 수밖에 없다.

일할 때도 마찬가지다. 나에게 가치 있는 일이 있는가 하면 그렇지 않은 일도 있다. 자신이 큰 가치를 느끼는 일이라면 최선의 노력을 기울일 것이다. 나도 아무리 돈을 많이 준다고 해도 가치를 느끼지 못하는 일이라면 지속적으로 할 자신이 없다. 오로지 돈을 벌기 위해 하는 일에서는 가치를 느낄 수 없다. 일에 대한 가치를 느껴야 일하는 의미를 찾을 수 있고 일도 더 잘할 수 있다.

기업의 가치 추구도 중요하다. 기업이 왜 필요할까? 단지 돈을 벌고 이윤을 추구하는 기업은 없어진다고 해도 사회에 아무 영향도 없다. 그러나 어떤 가치를 추구하기 위해 존재하는 기업은 그 가치에 따라 사회에 반드시 필요한 기업이 될 수 있다. 사람들에게 필요한 가치를 주는 기업은 사회를 위해 반드시 존재해야 한다. 만약 그런 기업이 없어진다면 많은 사람들이 불편과 아쉬움을 느끼게 된다. 그러니 사업도 돈이 아닌 가치를 추구해야 한다.

자신의 가치를 높이는 것도 중요하다. 나의 가치를 높임으로써 그만큼 대우를 받을 수 있고 사회에도 기여할 수 있다. 물론 나의 가치를 높이려면 열심히 노력해야 한다. 세상에 공짜는 없으며 쉽게 얻을 수 있는 가치는 효용이 없는 것이 세상의 이치다. 지금은 무한경쟁시대여서 모두 자신의 가치를 높이기 위해 노력하며 자기계발에 열중한다. 자기계발도 결국은 자신의 가치를 높이기 위한 활동이다. 지금은 과거에 비해 모든 분야에서 경쟁이 치열하다. 경쟁에서 살아남기 위해서는 먼저 자신의 가치를 높여야 한다. 우리가 사회 속에서 살아가는 것은 결국 자신의 가치를 제공하는 과정이다. 그리고 자기가 제공하는 가치에 의해 보수가 결정된다고 볼 수 있다. 그렇다면 자신뿐만 아니라 사회를 위해서도 자신의 가치를 높일 필요가 있다.

가치는 우리가 살아가는 데 필요한 모든 것들과 연관된다. 세상의 모든 것들은 가치에 의해 존재여부가 결정된다. 가치가 없는 것은 존재 이유가 없다. 나는 사람도 마찬가지라고 생각한다. 사회에서 큰 가치를 만들어낼 수 있는 사람이야말로 위대한 사람이다. 위인들은 그들이 세상에 존재하는 동안 큰 가치를 남겨 사람들의 기억 속에 영원히 남게 되었다. 그들이 세상에 큰 가치를 남기지 않았더라면 우리의 기억에서 사라졌을 것이다.

지금까지 언급했듯이 가치는 광범위하다. 세상의 모든 것이 가치가 없으면 존재하기 힘들다. 다시 말해서 가치가 있어야 존재할 수 있다. 가치가 없으면 사람들로부터 관심을 받기 어렵고 효용도 없다. 사람도 가치를 창출할 수 있어야 생존할 수 있다. 우리는 가치를 창출하기 위해 오늘도 열심히 살고 있다. 내가 글을 쓰는 것도 가치를 창출하는 일이다. 내 글이 독자들에게 도움이 된다면 나는 독자들에게 가치를 주는 것이다. 누구나 가치가 크든 작든, 혹은 어떤 일을 하든 가치를 창출해야 한다. 나는 내 자신이 생각하는 중요한 가치를 추구하기 위해 인생을 살고 있다.

여러분은 어떤 가치를 중시하고 있는가? 나는 여러분이 그 가치를 추구하기 위해 어떤 노력을 기울이고 있는지 궁금하다. 그리고 그 가치를 실현하기 위해 한 발 한 발 나아가기 바란다.

#2 _ 어디에 가치를 둘 것인가?

어디에 가치를 두고 살 것인가라는 문제는 개인에 따라 다르다. 어떤 사람은 돈에 큰 가치를 두고, 어떤 사람은 행복에 가치를 두며, 어떤 사람은 건강에 가치를 둔다. 누구나 자신만의 기준을 가지고 있고 판단은 개인이 하게 된다.

어떤 것에 가치를 두어야 후회하지 않을까? 몇 년 전에 서울의 대학 신입생들을 대상으로 인생에서 중요하다고 생각하는 5가지 가치가 무엇인지에 대해 설문조사를 하였다. 그 답변으로 첫번째가 돈이었다. 다음은 행복, 성공, 가족, 사랑, 건강 순이었다. 다른 조사에서도 돈이 가장 중요한 가치로 나왔다. 물론 돈은 중요하다. 우리가 살아가는 데 반드시 필요하니까 말이다. 그러나 돈이 가장 중요한 가치가 되면 많은 문제가 발생하게 된다. 지금 우리 사회에서 돈 때문에 많은 문제가 일어나는 것을 볼 수 있다. 과연 돈이 목숨을 걸 만큼 가치가 있는 것일까? 절대 그렇지 않다. 돈은 수단이지 목적이 아니다. 우리는 자신이 생각하는 가장 중요한 가치를 지키기 위해 살아야 한다. 돈은 중요하지만 인생에서 가장 중요한 가치는 아니다.

가치는 크게 보면 두 가지가 있다. 물질적인 것과 정신적인 것이다. 물질적인 것에 가치를 두면 처음에는 그것을 통해 만족감을 느낄 수 있다. 그러나 사람은 지속적인 만족을 추구하는 성향이 강하다. 물질은 한번 얻으면 처음에는 만족스럽지만 시간이 갈수록 그 만족감이 줄어든다. 그리고 더 큰 가치가 있는 것을 얻고 싶어진다. 그러나 그것을 얻게 된 뒤에는 마찬가지로 다시 만족감이 떨어진다. 이런 식으로 지속적으로 더 가치가 있는 물건을 원하는 것이 인간의 본성이다. 그러나 문제는 더 큰 가치의 물건을 지속적으로 얻기가 쉽지 않다는 것이다. 그렇게 되면 물건을 통해 얻을 수 있는 가치는 더 이상 올라가지 않는다. 경제적으로 여유가 있는 사람들은 지속적으로 물건을 통해 가치를 얻을 수 있지만 어떤 물건이든 느낄 수 있는 가치는 한계가 있기 마련이다. 따라서 물건에 대한 가치를 지속적으로 느끼고 만족하기는 어렵다.

그럼 어떻게 해야 할까? 물질적인 가치보다 정신적인 가치를 추구하는 것이 인생을 더욱 풍요롭게 해준다. 어떤 물건을 가졌을 때와 어떤 경험을 했을 때의 만족감을 비교해보면 물건보다는 경험쪽이 훨씬 만족감이 크다는 연구결과가 있다. 물질적인 것에 대한 가치는 우리에게 지속적으로 풍요로운 삶을 보장해주지 않는다. 물론 물질적인 가치도 필요하다. 하지만 한계효용체감의 법칙처럼 어느 순간이 지나면 만족감은 더 이상 올라가기 어렵다. 예를 들면 사막에서 오아시스를 만났을 때 처음 마시는 한 잔의 물과 두번째 잔의 물, 그리고 다섯번째 잔의 물의 가치는 다르다. 아마 다섯 잔 이상의 물의 가치는 더 이상 올라가지 않을 것이다. 앞서 얘기했듯이 어느 수준의 연봉에 도달하면 연봉이 높아져도 행복감은 더 이상 올라가지 않는 것과 같다. 이처럼 물질적 가치에 대한 만족은 한계가 있기 마련이다. 그러나 정신적인 가치를 추구한다면 만족감은 오랫동안 지속될 수 있다. 도덕적으로 문제가 없는 가치라면 자신이 소중하게 여기는 어떤 가치라도 상관이 없다.

정신적인 가치는 인생을 이끄는 나침반 같은 역할을 한다. 우리는 살아가면서 많은 문제와 어려움에 부딪친다. 그때 자신이 추구하는 정신적 가치가 없다면 이를 돌파해 나가기 어렵다. 정신적 가치를 토대로 자신의 기준을 세우지 않으면 올바른 판단을 내리기가 쉽지 않기 때문이다. 큰 문제든 아니든 우리는 자신이 추구하는 가치에 따라 의사결정을 한다. 예를 들면 내가 오늘 지하철을 타고 갈지, 아니면 자가용을 타고 갈지 여부와 같은 단순한 선택부터 결혼은 해야 할지, 한다면 누구와 해야 할지 같은 중요한 결정을 하게 된다. 그럴 때 자신이 추구하는 가치를 기준으로 판단하면 올바르고 후회하지 않는 결정을 할 수 있다.

인간은 자신이 중요하게 생각하는 가치를 위해 목숨을 바칠 수 있는 유일한 존재다. 어떤 가치를 가지고 있는가에 따라 인생도 바뀐다. 가치는 그 사람의 생각과 행동을 결정한다. 그 사람이 생각하고 추구하는 가치는 결과적으로 그 사람의 모든 것을 지배한다. 인간은 스트레스나 힘든 일은 대부분 견딜 수 있다. 그러나 자신이 생각하는 가치가 의미가 없어졌을 때 느끼는 충격은 견디기 힘들다. 가치야말로 우리가 살아가면서 가장 소중하게 여기는 요소다. 그러나 우리는 가치를 너무 쉽게 생각하는 것 같다. 자신의 가치를 깊이 고심하지 않고 결정하는 경우가 많다. 게다가 가치는 결정만 한다고 되는 것이 아니다. 자신이 추구하는 가치를 더욱 발전시키기 위해 더 많은 시간과 노력을 기울여야 한다. 그때 비로소 자신의 가치로 확실하게 자리잡을 수 있고, 더욱 빛날 수 있다.

무엇에 가치를 두는가에 따라 미래가 결정된다. 나는 사람에 대해 판단하려면 그 사람이 어떤 가치를 가지고 있는가를 본다. 그 사람이 추구하는 가치는 그 사람이 어떤 사람인지를 나타내기 때문이다. 학창시절에 친구를 사귈 때는 서로 마음이 맞는 사람인지가 중요했다. 그러나 지금 나는 그 시절에 만났던 친구들은 거의 만나지 않는다. 과거에 비해 현재의 나의 가치관이 완전히 달라졌기 때문이다. 나는 어릴 때부터 사귄 친구라도 추구하는 가치가 서로 다르면 지속적으로 만나기 어렵다는 사실을 깨닫게 되었다. 이제는 나와 추구하는 가치가 비슷하면 누구든 친구가 될 수 있다고 생각한다. 이렇듯 나에게 가치는 모든 것의 판단 기준이 되었다.

여러분은 어디에 가치를 두고 있는가? 그리고 그 가치를 위해 어떤 노력을 기울이고 있는가? 가치야말로 인생을 살아가는 주요 이유가 된다. 누구나 자신이 중요하게 생각하는 가치를 추구함으로써 보다 풍요로운 인생을 살 수 있다.

사회적 가치는 공공의 이익과 공동체의 발전에 기여하는 가치다. 사회적 가치는 사회 문제를 해결하는 것을 통해서 만들어진다. 환경, 양극화, 실업, 인구 고령화, 저출산 문제 등 우리 사회는 많은 문제를 안고 있다. 이런 문제들은 한 개인이나 기업이 풀 수 있는 것이 아니다. 그렇다고 정부가 모든 문제를 해결할 수 있는 것도 아니다. 그러나 이런 문제들을 해결하지 않으면 앞으로 상황이 더욱 악화될 수밖에 없으므로 어떻게든 해결해 나가야 한다. 특히 부자보다 가난한 사람들이 이런 문제들로 더욱 고통받는다. 많은 문제들이 돈으로 해결될 수 있어 부자들은 고통을 덜 느끼기 때문이다. 그러나 모든 사람이 부자가 될 수 없고, 부자라고 해서 이런 문제들과 무관하게 살 수 있는 것은 아니다. 이런 문제들은 우리 모두의 삶의 질을 떨어뜨리는 요인이 되므로 모두가 관심을 갖고 문제 해결에 나서야 한다. 작은 일부터 관심을 갖고 문제 해결을 위해 작은 힘이라도 보태야 한다. 특히 리더의 위치에 있는 사람들이 더욱 솔선수범해야 한다.

지금은 경제불황으로 나도 살기 어려운데 어떻게 사회문제까지 신경을 쓸 수 있을까 반문할지도 모른다. 나는 우리가 대단한 일을 하자는 것은 아니다. 여력이 된다면 더욱 큰 일을 할 수도 있겠지만 대부분 그렇지 못할 것이다. 따라서 사회문제에 조금이라도 관심을 기울이고 우리가 일상생활에서 할 수 있는 범위 내에서 하자는 말이다. 예를 들면 환경을 생각해서 1회용 제품을 쓰지 않고, 자가용보다는 대중교통을 이용하는 것이다. 얼마 전에 연예인들이 커피를 마실 때 1회용 컵을 사용하지 않고 텀블러를 사용하는 모습을 SNS에 올리고 많은 사람들이 동참하도록 독려한 적이 있었다. 이런 활동이 널리 퍼져 많은 사람들이 작은 노력을 기울인다면 세상을 더욱 나은 곳으로 만들 수 있다. 나는 많은 사람들의 작은 실천들이 모여 이 세상을 바꿀 수 있다고 믿는다.

시간이 허락된다면 자원봉사를 하는 것도 사회적 가치를 추구하는 활동이라 할 수 있다. 한국사회복지협의회에서 발간한 〈2018 사회복지자원봉사 연간백서〉에 따르면 우리나라에서 2018년에 활동한 사회복지자원봉사자는 127만 명이라 한다. 그 중에서 노인시설에서 봉사한 사람들이 57.9%이고 장애인시설이

18.9%, 사회복지관은 14.3%로 나타났다. 자원봉사자들의 성별을 보면 여성이 58.2%, 남성은 41.8%이다. 연령에서는 10대와 20대가 차지하는 비율이 66%로 높게 나타났다.

자원봉사활동은 다 함께 살아가는 세상을 실현할 수 있는 중요한 사회적 가치라 할 수 있다. 그리고 자원봉사를 하는 사람들의 삶에 대한 만족감은 일반인들보다 높다고 알려져 있다. 나는 그 이유를 남들에게 봉사를 함으로써 자신이 가치가 있는 존재라고 느낄 수 있기 때문이라고 생각한다.

최근 기업들도 사회문제에 관심을 갖지 않으면 지속적인 성장을 이룰 수 없다는 인식이 퍼지고 있다. 소비자들도 사회문제에 관심을 갖고 있는 기업의 제품을 더 선호하게 된다. 그리고 사회에 좋지 않은 영향을 미치는 기업의 제품은 외면 받는다. 예를 들면 환경을 보호하지 않고 폐수를 무단 방류하는 기업은 소비자로부터 외면 받고 비난의 대상이 된다. 요즘 소비자들은 친환경제품이라면 비용을 좀 더 지불하더라도 기꺼이 구매한다. 이는 소비자들이 과거보다 사회문제에 관심이 많아졌고 사회적 가치에 대한 기대수준이 향상되었기 때문이다. 사회적 가치를 소중하게 여기지 않는다면 앞으로 우리가 직접적으로 피해를 볼 수 있을 뿐만 아니라 미래 세대에도 좋지 않은 영향을 미치게 된다. 사회적 가치는 우리 사회를 보다 살기 좋은 곳으로 만들 기회를 제공한다. 이런 가치를 지키기 위해서는 나부터 먼저 시작해야 한다. 우리 사회의 개개인 모두 이런 생각을 갖고 있어야 문제 해결이 가능하다. 나 하나쯤은 괜찮겠지라는 안일한 생각은 문제를 더욱 악화시킬 뿐이다.

SK그룹의 사회적 가치에 대한 활동사례가 2019년 하버드대 경영대학원에서 발행하는 HBR Harvard Business Review에 소개되었으며 2018년 9월에는 스탠퍼드대 경영대학원에서도 사례연구 대상이 되었다. HBR에 소개된 것은 SK그룹의 사회적 성과 인센티브 Social Progress Credit라는 것으로 SK그룹이 2015년부터 실시한 제도다. 이것은 사회적 기업들이 이룬 성과를 금액으로 환산하여 그에 따른 인센티브를 제공하는 제도다. 이를 통해 사회적 기업들의 재정상태가 더욱 나아지게 되어 사회적 기업들은 더 많은 사회공헌 활동을 할 수 있는 선순환 구조를 갖게 되었다. 스탠퍼드대학에서 2018년에 연구한 SK그룹의 DBL Double Bottom Line이라는 제도는 경제적 가치와 사회적 가치를 50 대 50으로 동시에 추구하는 전략이다. 결과적으로 이런 제도를 통해 SK그룹은 지속가능한 경영을 추구할 수 있을 것으로 예상된다.

이처럼 기업에서도 사회적 가치의 중요성을 인식하고 다양한 활동을 전개하고 있다. 이제는 기업들도 사회적 가치를 추구하지 않으면 생존할 수 없다는 인식을 갖기 시작했다. 이는 이미 많은 기업들이 실행하고 있는 기업의 사회적 책임이라는 CSR Corporate Social Responsibility과 기업과 사회의 공유가치창출이라는 CSVCreating Shared Value를 통해서도 알 수 있다. 기업은 단지 이윤만 추구해서는 더 이상 지속 가능한 경영을 할 수 없으며 사회문제를 해결할 수 있어야 지속 가능한 성장을 할 수 있다.

그동안 우리 사회는 경제성장에만 초점을 맞추어 모든 정책이 추진되었다. 반면 사회문제에 대해서는 소홀하였던 것이 사실이다. 그러나 선진국으로 진입할수록 양적인 성장 못지않게 질적인 성장도 중요하다. 그리고 질적인 성장을 추구하기 위해서는 사회적 가치에 보다 많은 관심을 기울여야 한다. 우리 모두가 사회적 가치에 관심을 기울일 때 보다 나은 사회를 만들 수 있다.

#4_ 가치 있는 인생

어떤 것이 가치 있는 인생일까? 세상에는 다양한 삶의 방식이 있다. 사람들은 저마다 자신만의 삶의 방식으로 인생을 영위해 간다. 자신의 가치관에 따라 여유로운 삶을 누리는 사람도 있고 바쁘게 사는 사람도 있다. 어떤 삶이 더 낫다고 할 수는 없다. 누구나 행복하게 살고 싶을 것이다. 행복을 누리기 위해서는 인생이 가치가 있어야 한다. 가치야말로 인생에서 첫번째로 추구해야 하는 덕목이다. 인생이 가치가 있으려면 하루하루 후회하지 않는 삶을 사는 것이 중요하다. 그러나 후회하지 않는 삶을 산다는 것은 무척이나 어려운 일이다. 나 역시 어떤 삶이 가치가 있는 것인지 고민했다. 지금까지 열심히 살아온 것 같지만 지나고 나니 그동안 무슨 일을 이뤘는지 모르겠다. 과연 지금까지 가치 있는 인생을 살아왔는지 자문해 보니 자신 있게 그렇다고 답할 수 없다. 그나마 다행인 것은 앞으로 가치 있는 인생을 살아가기 위한 시간이 남아 있다는 사실이다.

　나는 자신의 가치를 추구하고 그것을 이루어 나가는 과정이 가치 있는 인생이라고 생각한다. 자신이 가치가 있다고 믿는 일에 최선을 다할 때 진정한 행복이 찾아온다. 애플의 창업자 스티브 잡스Steve Jobs는 "오늘이 내 삶의 마지막 날이라면 지금 이것을 할 것인가?"라는 질문을 매일 하였다고 한다. 이것은 자신에게 가치 있는 일을 찾기 위해 중요한 질문이다. 이 질문에 답할 수 있으면 자신이 진정으로 원하는 가치 있는 일을 하게 된다. 그럼 정말 인생을 가치 있게 살 수 있다. 모든 것은 죽으면 끝난다. 죽음을 생각하는 것이야말로 자신에게 무엇이 소중하고 가치 있는지 깨닫게 해준다. 그리고 그런 가치를 찾게 되었을 때 정말 열정적으로 그 일에 몰입할 수 있다.

　또한 죽음을 생각하면서 살아가는 것은 자신의 삶을 보다 충실하게 보낼 수 있는 지름길이다. 죽음을 생각할 때 인생이 보다 풍요로워지고 인생을 진지하게 살아갈 수 있다. '메멘토 모리 Memento Mori'라는 말이 있다. '죽음을 기억하라'는 라틴어다. 한 번이라도 죽음의 문턱에 가본 사람은 인생을 정말로 소중하게 느끼게 된다고 한다. 언제라도 내가 죽을 수 있다는 것을 알게 되면 절대 인생의 시간을 낭비할 수 없다. 다시 말해서 인생의 시간을 소중하게 여기게 되어 가치 있는 일을 추구하게 된다.

인생을 가치 있게 살다 간 인물로 1993년에 노벨평화상을 수상한 남아공의 넬슨 만델라_{Nelson Rolihlahla Mandela} 대통령을 들 수 있다. 그는 국가 반역죄로 27년간 수감되는 큰 고통을 겪었다. 인종차별 시절에 흑인들은 차별과 박해를 받았고 많은 사람들이 희생되었다. 그러나 만델라는 대통령이 되고 나서 국민통합을 실시하고 용서와 화해를 통해 과거사를 청산하였다. 탄압을 한 가해자들이 죄를 고백하고 뉘우치면 사면하였다. 그리고 유가족들의 뜻에 따라 무덤에 비석을 세워주어 희생된 사람들이 잊혀지는 일이 없도록 하였다. 그는 남아공에서 인종에 상관없이 가장 존경받는 지도자가 되었고 나아가 인류의 위대한 스승이자 평화의 화신이 되었다. 그가 95세의 나이에 타계하였을 때 추모식에는 전 세계의 91개국 정상급 인사들과 왕족이 참석하여 그의 위대한 정신을 기렸다. 그는 다음과 같은 명언을 남기기도 하였다.

"억압받는 사람과 마찬가지로 억압하는 사람도 해방되어야 한다는 사실을 나는 잘 알고 있습니다. 만약 내가 다른 사람의 자유를 빼앗는다면 남에게 나의 자유를 빼앗긴 것처럼 나는 진정으로 자유롭지 못합니다. 내가 감옥에서 풀려나왔을 때 억압하는 자와 억압받는 자, 둘 다를 해방시키는 것이 나의 사명이었습니다."

만델라 대통령은 억압과 분노를 용서와 화해로 승화시키고 인류에 위대한 업적을 남김으로써 인생을 가치 있게 산 인물이다. 그의 이런 업적으로 인해 이 세상은 좀 더 나은 세상이 될 수 있었다. 어떤 것이 나에게 가치 있는 것일까? 만델라 대통령처럼 큰 가치는 아니더라도 우리가 살아가면서 실행할 수 있는 범위 내에서의 가치를 생각해 보자.

먼저 자신의 정신과 육체에 이로움을 줄 수 있어야 한다. 정신과 육체에 해를 끼친다면 가치가 없는 일이다. 예를 들어 자원봉사 활동은 정신적으로나 육체적으로 도움이 된다. 그럼 매우 가치 있는 일이라 할 수 있고 나아가 가치 있는 인생을 살 수 있다. 그러나 만약 도박을 한다면 정신적으로나 육체적으로 피폐한 생활을 하게 되어 아무 가치가 없는 일이고, 인생을 가치 있게 살 수도 없다. 그다음으로 가치가 있으려면 다른 사람에게 좋은 영향력을 줄 수 있어야 한다. 여러 번 말했듯이 사람은 혼자 살 수 없고 다른 사람들과 상호관계를 통해 살아가므로 내 행동이 남들에게 영향을 미치게 된다. 다른 사람에게 좋은 영향을 미친다면 가치 있는 인생을 사는 것이다. 예를 들어 내가 불우 이웃을 위해 기부하면 그 사람은 나로 인해 직접적인 혜택을 볼 수 있다. 그리고 내가 남들이 본받을 만한 행동을 하면 다른 사람에게 좋은 영향을 준 것이고, 나는 인생을 가치 있게 사는 것이다.

#5 _ 변하지 않는 가치

세상은 빠른 속도로 변하고 있다. 세상에 변하지 않는 것은 없다고 할 정도다. 사람도 세월이 지남에 따라 변해간다. 세상이 변하고 있으니 그에 맞춰서 사람도 변하는 것이 당연하다. 특히 지금처럼 급변하는 세상에서 그에 맞게 변하지 않으면 살아남을 수 없다. 그러나 아무리 세상만사가 변한다 할지라도 변하지 않는 가치가 있다. 그런 가치는 시간이 지나도 변함이 없고 더욱 빛난다. 예를 들어 훌륭한 고전은 수백 년 전이나 지금이나 많은 사람들에 의해 읽히고 사랑받고 있다. 인간이 세상을 살아가면서 지켜야 할 가치는 예전이나 지금이나 변함이 없기 때문이다. 앞으로도 마찬가지다. 나는 그것이 사람으로서 지켜야 할 도리라고 생각한다. 살아가면서 지켜야 할 도리는 앞으로도 거의 변하지 않을 것이다.

그럼 그런 도리에는 어떤 것들이 있을까? 자신이 남에게 신세를 지면 나중에 그 신세에 대해 보답해야 하고, 남에게 어떤 피해를 주지 말아야 한다는 것들을 예로 들 수 있다. 물론 이런 것 말고도 인간으로서 지켜야 할 도리는 많다. 나는 우리가 살아가면서 지켜야 하는 도리는 누구나 알고 있다고 생각한다. 단지 그런 도리를 지키는 것이 자신에게 도움이 되는지에 대한 확신이 없거나 도리를 지키는 것이 불편하기 때문에 지키지 않는 것이다. 이런 도리는 우리가 살아가면서 지켜야 할 중요한 가치이고, 앞으로도 변함없이 지켜야 할 가치다.

인간으로서의 도리를 지키지 않는다면 올바르게 세상을 살 수 없다. 물론 인간으로서의 도리를 완벽하게 지킨다는 것은 불가능할지도 모른다. 그러나 도리를 지키지 못했을 때 잘못을 깨닫고 반성하는 자세를 가져야 한다. 많은 사람들이 성공을 위해 열심히 살고 있다. 그러나 인간으로서의 도리를 지키지 않으면 성공을 한다 해도 그것이 과연 가치가 있을까? 성공은 단순히 자신이 원하는 것을 얻는 것이 아니다. 다른 사람에게도 좋은 영향력을 미칠 수 있어야 진정한 성공이라 할 수 있다. 인간으로서 도리를 지키지 않는 사람은 진정으로 성공하기 어려울 뿐만 아니라 남에게 좋은 영향력을 미칠 수도 없다. 그런 사람은 설령 성공하더라도 가치가 있는 성공이라 할 수 없다.

유학(儒學)에서는 인(仁), 의(義), 예(禮), 지(智), 신(信)이라는 다섯

가지 인간의 도리에 대해서 강조한다. 그 내용을 살펴보면 다음과 같다.

인(仁)은 어질다는 뜻으로 남을 인자하게 대하고 세상을 착하고 선하게 살라는 뜻이다. 어질고 선하게 살면 모든 일이 순조롭게 해결되는 법이다. 의(義)는 정의롭게 옳은 일을 하면서 살라는 뜻이다. 모든 사람들이 정의롭게 살면 법이 필요 없게 되고 범죄도 발생되지 않아 평화로운 세상을 살 수 있다. 예(禮)는 인간으로서 다른 사람에 대한 예의를 지키며 살라는 뜻이다. 예의를 지키면 서로 갈등할 일도 없고 인간관계도 좋아진다. 지(智)는 지혜를 가리킨다. 상황에 따라, 상대에 따라, 시대에 따라 슬기롭게 행동하라는 말이다. 지금처럼 복잡한 시대에 가장 필요한 덕목이다. 신(信)은 신의를 갖고 정직하게 살라는 뜻이다. 어떤 거래를 하거나 사람을 만날 때 중요한 덕목이다.

이런 인간의 도리는 과거부터 현재까지 지켜지고 있는 가치일 뿐만 아니라 미래에도 변하지 않는 가치라 할 수 있다. 이런 가치는 누구나 반드시 지켜야 한다.

한편 가치는 시대에 따라 조금씩 변할 수 있지만 자신의 가치는 변하지 않는 법이다. 그리고 인간은 누구나 소중한 존재다. 이와 관련한 재미있는 일화가 있어 소개해 보겠다.

어느 날 강의실에서 교수가 수업을 하고 있었다. 그런데 교수가 갑자기 오만원권 지폐를 지갑에서 꺼내더니 학생들에게 물었다. "이 지폐를 가질 사람은 손을 들어보세요."

그러자 모든 학생들이 손을 들었다. 교수는 다시 지폐를 손으로 구겨 움켜쥐었다. 그런 다음 다시 학생들에게 이 지폐를 갖고 싶은지 물었다. 이번에도 학생들은 모두 손을 들고 지폐를 갖기를 원했다. 그러자 교수는 구겨진 지폐를 바닥에 내동댕이치고 발로 짓밟았다. 지폐는 마구 구겨지고 더러워졌다. 교수가 다시 학생들에게 지폐를 갖기를 원하는지 물었다. 그러자 이번에도 모든 학생들이 지폐를 갖고 싶다고 손을 들었다.

교수는 지폐를 주운 뒤 말했다. "여러분은 이 지폐가 더러워지고 구겨져도 여전히 그 가치가 변하지 않았다는 것을 알고 있습니다. '나'라는 가치도 마찬가지입니다. 구겨지고 더러워진 '나'라고 할지라도 나의 가치는 소중한 것입니다. 여러분이 인생에서 실패하고 사회의 밑바닥으로 던져졌더라도 절망하면 안 됩니다. 여러분의 가치는 변하지 않는 소중한 것이기 때문입니다."

누구나 자신의 가치는 변함없이 소중한 법이다. 그런 자신을 더욱 소중한 가치가 있는 존재로 만들려면 인간으로서의 도리를 다할 수 있도록 더욱 노력해야 한다. 도리를 잘 지키는 사람은 누가 보아도 인간적으로 아름답다. 그런 사람일수록 주변에 많은 사람들이 모이고 대인관계도 원만하다. 그 사람의 말과 행동을 보면 그 사람이 어떤 사람인지 바로 판단할 수 있다. 인간의 도리를 다하는 사람은 말과 행동이 신중하고 조심성이 있으며 한결같다. 그런 가치의 소중함을 알고 있기 때문이다. 그런 사람들이 사회에 많아질수록 더욱 살기 좋은 세상이 된다.

여러분은 어떤 변하지 않는 가치를 가지고 있는가? 그리고 앞으로도 그 가치를 지속적으로 지켜나갈 자신이 있는가? 나도 인간으로서의 도리라는 가치를 지키기 위해 노력하고 있다. 완벽하지는 않아도 최선을 다하다 보면 어느 정도 만족스러운 수준에 이를 수 있으리라 기대해 본다.

PART 7

경험

경험은
인생을 살아가면서 겪게 되는
다양한 체험이다

경험이 쌓이면 우리는 더 발전하고 성숙해진다. 경험이 쌓이면 일도 능숙하게 할 수 있다. 모든 일은 경험을 통해 완성된다. 사회 역시 그동안 우리들의 다양한 경험을 통해 개선되고 발전해 왔다. 인간은 경험을 통해 보다 지혜롭게 변하고 자신감도 높아진다. 경험은 우리의 인생을 더욱 윤택하고 현명하게 만든다. 누구나 처음 시도하는 것은 서툴기 마련이다. 그러나 경험이 쌓이면 어떤 일이든 잘할 수 있게 되고 나중에는 전문가 수준에 이르게 된다. 그렇게 되면 사회적으로 인정받고 보수도 올라간다.

살아가면서 다양한 경험을 쌓을수록 인생은 더욱 풍요로워진다. 우리는 경험을 통해 넓은 시야를 가질 수 있고 올바른 판단과 선택을 할 가능성이 높아진다. 아울러 어떤 환경에 처해 있는가에 따라 경험할 수 있는 것도 달라진다. 좋은 환경에서 지낼수록 좋은 경험을 할 수 있는 것은 당연하다. 그런 좋은 경험은 나를 성장하게 만들 수 있다.

최근에는 소유보다 경험이 더 가치 있는 것으로 여겨진다. 그리고 물건에 대한 소비보다 여행과 같은 소비가 인간을 더욱 행복하게 만든다.

#1 _ 경험이란?

경험이란 우리가 기억하는 과거의 모든 것들이다. 우리는 경험을 통해 새로운 것을 깨닫고, 다양한 경험을 바탕으로 앞으로 일어날 일들을 예측하기도 한다. 어떤 일을 할 때 그 전에 좋았던 경험이 떠오르면 다시 그 일을 시도하게 된다. 지금까지 쌓인 경험은 개인의 성격과 가치관을 형성하기도 한다. 즉 지금까지 살아오면서 경험한 것이 자신의 세계가 된다. 자신이 직접 경험하지 못한 것은 알지도 못하고 믿기도 어렵다. '우물 안 개구리'라는 속담이 있다. 우물 안에만 있던 개구리는 바깥세상을 한 번도 경험하지 못해 다른 세계가 있다는 사실도 모른다. 그만큼 경험이 부족하면 세상물정을 모른다는 말이다. 경험은 좋은 경험도 있고 나쁜 경험도 있다. 좋은 경험은 새로운 것을 배우거나 자원봉사를 하는 것 등이다. 나쁜 경험은 도둑질을 하거나 도박을 하는 것 등이다. 좋은 경험을 많이 쌓아야 인생이 더욱 풍요로워진다. 좋은 경험을 다양하게 해봐야 세상을 보는 시야가 넓어진다. 다른 사람의 나쁜 행동을 간접적으로 경험하면 그것을 반면교사로 삼을 수도 있다.

사람들은 살아가면서 다양한 경험을 하게 된다. 그 경험에 의해 지식이 향상되고 실력이 쌓여 한 분야의 전문가가 되기도 한다. 경험을 통해 보다 능숙하게 일을 할 수도 있고 보다 현명하게 살아갈 수도 있다. 또한 경험이 쌓이면서 사회로부터 보다 나은 대우를 받게 된다. 무엇이든 경험해 보지 않은 일은 서툴 뿐만 아니라 두려울 때도 있다. 그러나 조금씩 경험이 쌓이면 그 일에 능숙해지고 용기도 생긴다. 경험은 우리를 보다 능력 있는 존재로 만들고 자신감도 생기게 한다. 즉 경험은 우리가 보다 나은 삶을 살아가기 위한 중요한 수단이라 할 수 있다.

다양한 경험을 하면 연륜이 생기고 노하우도 생긴다. 군대에서는 나이가 중요한 게 아니라 군생활의 경험에 따라 고참이 되고 대우받게 된다. 즉 나이보다는 경험을 더 인정하고 존중한다. 사회생활도 마찬가지다. 경력이 많을수록 연봉이 높아지고 좋은 대우를 받는다. 그것이 합리적인지는 논외로 하고, 경력이 쌓이면 일을 잘하는 것은 분명한 사실이다. 경험은 어떤 일에서나 중요하다. 경험이 있으면 사람들이 바라보는 시각이 달라지고 성과에서도 차이가 난다.

경험은 영어로 하면 'experience'로, '밖으로 나가서 도전하다'라는 뜻을 갖고 있다. 이처럼 경험은 위험을 감수하고 새로운 것에 도전하는 것이다. 비록 실패하더라도 경험은 소중한 것이다. 실패의 경험이 쌓여야 성공도 할 수 있다. 모든 일들이 한 번의 경험으로 이루어지면 좋겠지만 세상일은 그리 단순하지 않다. 자주 경험할수록 용기와 자신감이 생기고 성공할 가능성도 높아진다.

사람은 죽기 전에 자신이 원하는 것을 시도해 보지 않은 것을 후회한다고 한다. 자신이 원하는 것을 하기 힘든 이유는 지금의 상태가 안정적이거나 새로운 일이 두렵기 때문이다. 새로운 일을 하려면 리스크를 감수하고 도전해야 한다. 그래야 실패하더라도 나중에 후회하지 않는다. 어떤 일이든 경험해 보는 것이 인생에 도움이 된다. 나는 젊은 시절에 도둑질 빼고는 모든 일을 경험해 보라는 이야기를 자주 들었다. 어떤 일이든 경험해 봐도 크게 손해날 일이 없고 오히려 인생에 도움이 된다는 뜻이다. 경험을 해야 지식도 쌓이고 노하우도 생긴다. 그리고 그 일이 나에게 어떤 의미인지도 알 수 있다. 경험해 보지 않고는 그 일이 나에게 맞는지도 알 수 없다.

직업을 구할 때도 마찬가지다. 생각만으로 그 일이 어떤 일인지, 나에게 맞는지 알 수 없다. 자신에게 최상의 직업을 찾기 위해서는 다양한 직업을 경험해 봐야 한다. 남들 눈에 좋아 보이는 직업도 실제로 경험해 보면 그렇지 않을 수도 있다. 사람은 모두 자신만의 성향이 있고 취향도 다르기 때문이다. 따라서 나에게 맞는 직업을 찾으려면 짧은 기간이라도 직접 해보는 것이 좋다.

경험이 많을수록 올바른 판단력이 생긴다. 경험을 통해 그 일이 어떤 일인지 알 수 있고, 나에게 도움이 되는 일인지 평가할 수 있다. 다양한 경험을 하면 어떤 일이든 올바르게 판단할 가능성이 커진다. 다양한 경험을 통해 이런 올바른 판단력을 더 빨리 얻을 수 있다면 잘못된 판단을 크게 줄일 수 있다. 그러나 시간의 제약으로 인해 많은 경험을 하지 못할 수도 있다. 그렇다면 무엇을 하는 것이 가장 효과적일까? 그것은 바로 독서다. 독서를 통해 많은 일들을 간접적으로 경험해 볼 수 있다. 우리가 모르는 것들의 대부분을 책을 통해 알 수 있다. 다양한 책을 보면서 지식을 쌓을 수 있고 저자가 경험한 내용도 알 수 있다. 독서는 다른 사람의 경험을 얻기 위한 시간과 비용을 줄일 수 있는 가장 효과적인 수단이다.

다양한 경험을 많이 할수록 우리는 성장하게 된다. 경험이 쌓이면 어떤 일이든 개선이 필요함을 깨닫게 되고 더욱 좋은 방향으로 발전시키게 된다. 개인의 발전뿐만 아니라 사회의 발전도 마찬가지다. 인간이 다양한 경험을 할 수 없었다면 지금과 같은 사회 발전도 없었을 것이다. 우리가 경험을 쌓아가면서 미진한 부분을 조금씩 개선시킴으로써 사회도 발전할 수 있었다. 한 번 더 강조하자면 경험이야말로 우리 삶의 중요한 과정이다. 무엇이든 경험할 수 없다면 개선시킬 수 없고 발전시키기도 어렵다. 우리는 인생에서 다양한 경험을 많이 할 수 있도록 노력해야 한다. 비록 결과가 좋지 않을지라도 그 경험을 통해 반드시 얻는 것이 있을 것이다.

여러분도 경험이 왜 인생에서 필요한지 알 수 있을 것이다. 나는 여러분이 다양한 경험을 해보고 그 경험을 토대로 인생을 더욱 발전적인 방향으로 이끌어 나가기 바란다. 물론 나도 그럴 생각이다.

경험이 중요하다는 것은 모두 인지하고 있을 것이다. 왜 경험이 중요할까? 경험은 우리가 세상을 살아가는 데 필요한 것을 알아가는 과정이다. 따라서 경험이 쌓일수록 세상에 대해 더욱 잘 이해할 수 있고, 높은 안목을 가지고 어떤 현상에 대해 보다 잘 이해할 수 있다. 경험이 쌓일수록 자신이 어떤 사람인지 더욱 잘 알 수 있고 내공이 쌓이게 된다. 경험은 나뿐만 아니라 타인을 이해하는 중요한 수단이다. 많은 것을 경험하면 이해의 폭이 확장되어 타인에 대해 깊은 생각을 할 수 있다. 따라서 경험은 오해를 줄이고 갈등의 소지도 없앨 수 있다. 다양한 경험을 하면서 많은 시행착오를 겪기도 하지만, 사회성이 발달하고 인간관계도 더욱 좋아지게 된다.

예전에 일본에 살고 있는 억만장자 12,000명을 대상으로 자녀의 장래를 위해 가장 중요하다고 생각하는 것이 무엇인지 묻는 설문조사를 하였다. 그런데 놀랍게도 많은 억만장자들이 돈이나 비즈니스의 지혜처럼 우리가 중요하다고 생각하는 것들이 자녀의 장래에 별로 중요하지 않다고 대답하였다. 그들이 자녀 교육에서 가장 중시하는 것은 다양한 경험을 쌓는 것이었다. 그들도 다양한 경험을 통해 지금의 위치에 오를 수 있었으므로 자녀들도 다양한 도전을 통해 경험을 쌓기를 희망했다. 경험을 쌓는 과정에서 실패와 고난도 있었지만 그것이 자신의 진정한 자산이라며 자녀들도 자신과 같은 경험을 하기를 바란다는 것이다. 설령 실패하더라도 새로운 경험을 쌓으라고 격려하겠다고 하였다.

이처럼 다양한 경험은 돈을 잘 버는 수단이 될 뿐만 아니라 세상을 더욱 지혜롭게 살 수 있는 방법이다. 윌리엄 셰익스피어 William Shakespeare도 '보석처럼 귀중한 경험은 종종 엄청난 보상을 안겨주기도 한다'고 하였다.

경험이 어떻게 전문가를 만드는지 알아보자. 몇 년 전에 국제제자훈련원의 옥성호 출판본부장은 경험이 왜 스펙보다 중요한지에 대해 15분 강연으로 유명한 세바시 강연에서 이렇게 얘기하였다.

"경험이 스펙을 이깁니다. 왜 경험이 스펙을 이기는지 아세요? 경험은 여러분을 전문가로 만들기 때문이에요. 전문가에 대한 수많은 정의가 있을 수 있지만 저는 이렇게 정의하고 싶어요. 전문가는 무엇이냐? 남보다 많은 경우의 수를 알고 있는 사람입니다. 똑같은 사물을 볼 때, 똑같은 상황을 볼 때, 경우의 수가 세 개인 사람은 세 개밖에 생각을 못해요. 그보다 더 많은 사람은 더 많은 이유를 생각해 냅니다. 전문가예요. 남이 보지 못하는 것을 보기 때문에 전문가입니다."

전문가는 많은 경험을 한 사람이어서 다양한 경우의 수를 가지고 적절한 판단을 내릴 수 있다. 우리가 시도하는 모든 일은 전문가가 되기 위한 과정이다. 그런데 대부분의 사람들은 아마추어로 남고 일부 사람들만 전문가가 된다. 이것은 경험의 차이에서 비롯되는 것이다. 경험의 차이로 인해 어떤 사람은 인생을 어렵게 살고 어떤 사람은 인정받으며 살게 된다.

인간은 경험을 통해 모든 것을 학습할 수 있다. 이런 학습과정은 개인의 능력을 극대화시키며, 사회 전체의 발전을 이루게 한다. 여기에서 우리가 어떤 경험을 쌓느냐가 중요하다. 경험 중에도 인생에 좀 더 도움이 되는 경험을 할 수 있도록 노력해야 한다. 아무 경험이나 인생에 도움이 되는 것은 아니다. 그렇다고 좋은 경험을 한다고 해서 무조건 도움이 되는 것도 아니다. 경험을 할 때는 아무 생각 없이 하는 것이 아니라 보다 적극적인 자세로 주의 깊게 생각하고 관찰하면서 하는 것이 필요하다. 그래야 그 경험을 온전히 자기 것으로 만들 수 있고, 인생에 조금이라도 도움이 되는 방향으로 활용할 수 있다. 이렇게 하면 경험이 자신에게 더욱 가치 있는 자산이 될 수 있다. 아울러 어떤 경험을 하는가에 따라 인생에서 행복을 느낄 수도 있다. 이에 대한 예를 들어보겠다.

폴 도런Paul Doran 런던정경대LSE 교수는 행복의 경제학을 주장한다. 그는 돈, 명예, 권력은 행복을 결정하는 요소가 아니며, 행복을 위해서는 자신이 만족하는 경험에 집중하여 행복한 감정을 느낄 수 있도록 지속적으로 자기최면을 걸 수 있는 환경설정을 해야 한다고 한다. 예를 들면 책을 좋아하는 사람은 주변에 책을 두거나 독서클럽에 가입하는 것으로 행복을 누릴 수 있다. 인간은 습관적이고 무의식적으로 행동하는 경우가 많으므로 주위환경에 따라 행복을 경험하는 빈도가 다르다고 한다. 즉, 행복은 순간적인 감정이 아니라 날마다 보고 느낄 수 있어야 한다고 한다. 폴 도런 교수의 주장에 따르면 자신이 좋아하는 일을 경험하면서 살면 행복할 수 있다. 이 말은 인생은 길지도 않은데 돈 때문에 굳이 좋아하지도 않는 일을 하면서 살면 불행해질 수 있다는 뜻이다.

최근에 경영 분야에서 화두가 되는 것도 바로 경험이다. 기업도 고객에게 새로운 경험을 하게 하여 관심을 끄는 전략으로 고객경험관리를 시도하고 있다. 기존에는 제품을 파는 것에 중점을 두었으나 지금은 고객에게 단순히 제품을 판매하는 것이 아니라 색다른 경험을 하게 하여 고객을 감동시키는 것이다. 이제는 고객들도 제품보다 경험을 사는 것이 더 만족스러운 행위라는 사실을 알고 있다. 실제로 만족도를 조사한 결과를 봐도 제품을 사는 것보다는 경험을 사는 것이 더 만족스러운 것으로 나타났다. 따라서 기업들도 보다 적극적으로 고객경험관리를 하고 있다. 고객과 만나는 접점을 MOT^{Moment of Truth}라고 한다. 고객을 만나는 모든 접점에서 고객에게 감동적인 새로운 경험을 줄 수 있다면 기업은 보다 나은 성과를 올릴 수 있다.

경험은 인간에게 꼭 필요한 중요한 과정이다. 우리는 새로운 경험을 통해 기쁨과 감동을 느낀다. 나아가 경험을 통해 삶이 완성되기도 한다.

사람은 많은 경험을 하면서 살아간다. 우리의 삶은 다양한 경험으로 이루어져 있고, 어떤 경험을 하는가에 따라 인격과 가치관이 바뀔 수 있다. 우리는 기본적으로 환경의 지배를 받는다. 주변환경에 따라 경험이 크게 달라지므로 주변환경의 영향을 받을 수밖에 없다. 따라서 자신의 주변환경을 어떤 식으로 설정하는가는 중요한 문제다. 주변환경이 별로 좋지 않다면 자신에게 도움이 되지 않는 경험을 할 가능성이 커진다. 맹자의 어머니도 자식의 교육을 위해 세 번이나 이사를 했다는 맹모삼천지교도 있지 않은가. 맹자의 어머니가 맹자를 위해 이사를 하지 않았다면 맹자는 어릴 때 좋은 경험을 하기 어려워 지금 우리가 아는 맹자가 될 수 없었을지도 모른다.

이와 관련된 연구를 소개하겠다. 몇 년 전 영국 에든버러대학 The University of Edinburgh에서 유아기에서 노인기에 이르기까지의 지능변화에 유전적 요소와 후천적 요소 중 어느 것이 더 많은 영향을 주는지에 대해서 연구하였다. 연구결과 유전적 요인은 24%뿐이고 76%가 후천적 요인이었다. 다시 말해서 DNA보다 환경의 영향을 더 많이 받는다는 것이다. 예를 들어 아이가 곤란한 상황에 부딪쳤을 때 당당하게 맞설지 아니면 울지를 선택하는 건 유전적 요인보다 지금까지 아이가 쌓아온 경험을 바탕으로 판단하게 된다는 것이다. 이처럼 인간은 자신의 환경에서 겪게 되는 경험에 의해 많은 영향을 받는다.

친구를 사귀는 것도 마찬가지다. 어떤 친구를 사귀는가에 따라 경험할 수 있는 것이 달라진다. 대부분의 사람들은 자신과 비슷한 사람과 사귄다. 그리고 그 사람이 만나는 사람을 보면 그가 어떤 사람인지 알 수 있다.

최근 엠브레인 트렌드모니터에서 이와 관련된 조사가 있었다. 엠브레인 트렌드모니터는 전국의 만 19세에서 59세까지의 성인 남녀 1,000명을 대상으로 인간관계와 의식평가에 대해 조사하였다. 조사 대상 10명 중 6명 정도의 비율로 어떤 사람을 만나는지를 보면 그 사람에 대해 알 수 있다는 말에 공감한다고 했다. 특히 50대는 다른 연령대보다 인간관계를 더 중요하게 생각하는 것으로 나타났다. 즉 나에게 도움이 되는 친구를 곁에 두고 싶어한다는 것이다. 그리고 모든 연령대에서 70% 이상이 자신에게 도움이 되는 친구를 사귀는 것을 비난할 수는 없다고 하였다. 아울러 잘 나가는 친구를 사귀는 것이 자신을 드러낼 만한 요인이 될 수 있다는 것에 동의하는 쪽의 비율이 더 높았다.

좋은 사람을 많이 사귀려면 먼저 자신의 인격을 높이려고 노력해야 한다. 자신이 그만한 인격이 되어야 그런 인격을 갖춘 사람들을 사귈 수 있다. 실력과 능력도 마찬가지다. 서로 비슷한 수준의 실력과 능력을 갖추고 있어야 비슷한 수준의 사람들을 사귈 수 있다. 그래야 자신도 보다 좋은 경험을 할 수 있고 성장할 수도 있다.

이것을 반대로 생각해 보면 주변 사람들이 좋지 않은 행동을 자주 하면 나도 그들처럼 좋지 않은 경험을 하게 될 가능성이 커진다. 예를 들어 내 친구들이 도박을 자주 즐기게 되면 나도 그들처럼 도박을 자주 하게 될 가능성이 커진다. 그러나 주변환경이 나에게 도움이 되는 환경이라면 좋은 경험을 하게 될 가능성이 커진다. 예를 들어 집에 책이 많이 있고 부모님이 책을 열심히 읽는다면 나도 부모님처럼 독서라는 좋은 경험을 자주 하게 될 가능성이 커진다. 주변의 환경을 어떻게 만드는가에 따라 자신의 인생도 바뀔 수 있다. 특히 젊었을 때 어떤 경험을 하느냐가 미래의 인생을 결정한다고 해도 과언이 아니다.

사람은 어떤 경험을 계기로 자신을 극적으로 변화시키기도 한다. 이에 대한 사례로 신비한 경험을 한 인물을 소개해 보겠다. 바로 영화계의 거물 스티븐 스필버그Steven Spielberg 감독이다.

그가 애리조나State of Arizona에 살던 10살 때의 일이다. 그의 아버지는 아들의 상상력과 창의력을 키워주고 싶어했다. 어느 날 아버지는 새벽에 갑자기 그를 깨우더니 말 없이 차에 태웠다. 그는 무서워서 덜덜 떨며 지금 무슨 일이 일어나고 있는지 여러 번 생각하였다. 30분쯤 사막을 달린 후 차가 멈춰섰다. 스필버그는 아버지와 함께 차에서 내린 후 이불을 들고 수백 명의 사람들이 있는 곳으로 다가갔다. 그리고 빈 자리를 찾아 이불을 깐 뒤, 아버지와 함께 바닥에 누워서 유성우가 내리는 하늘을 바라보게 되었다. 그 광경이 너무나 환상적이어서 스필버그의 머릿속에는 그 기억이 생생하게 남게 되었다고 한다. 유성우가 있을 거라고 기상청에서 예보했지만, 그는 그 사실을 몰랐다. 아버지는 아들을 놀라게 해주려고 일부러 아무 말도 하지 않았던 것이다. 스필버그는 공포를 느꼈지만 이런 현상이 발생하는 이유가 궁금해졌다. 이 경험을 통해 그는 우주의 신비를 느낄 수 있었고 상상력을 발휘하게 되었다. 그는 18세 때 〈불빛Firelight〉이라는 영화를 처음 만들었다. 그 뒤 이 영화는 〈미지와의 조우Close Encounters of the Third Kind〉라는 영화를 만드는 데 도움이 되었고 그의 성공에 중요한 계기가 되었다.

이처럼 좋은 경험은 인생을 훌륭하게 만든다. 이것이 우리가 좋은 경험을 풍부하게 쌓아야 하는 이유다. 인생은 어떤 경험을 쌓는가에 따라 완전히 달라진다. 좋은 경험을 쌓았기 때문에 성공한 사람도 있고, 좋지 않은 경험을 쌓았기 때문에 실패한 사람도 있다. 경험의 차이가 인생의 성패를 가른다고 해도 과언이 아니다.

여러분도 좋은 경험을 쌓기 위해 환경을 바꿔보면 어떨까? 조그만 것이라도 시도해보기 바란다. 예를 들어 TV를 보는 대신 독서를 하기 위해 거실에서 TV를 치우고 그 자리에 책장을 놓는 일 같은 것 말이다. 이런 작은 행동으로도 분명 여러분의 인생에 변화가 생길 것이다.

#4 _ 실패의 경험이
인생을 성공으로 이끈다

우리는 살아가면서 다양한 경험을 쌓는다. 그중에는 성공한 경험도 있고 실패한 경험도 있다. 그런데 실패한 경험이라고 해서 가치가 없을까? 절대 그렇지 않다. 대부분의 사람들이 성공한 경험보다 실패한 경험이 훨씬 많을 것이다. 그만큼 성공이 어렵기도 하지만 실패의 경험을 통해 성공에 더욱 가까이 갈 수 있다. 실패를 경험함으로써 실패의 원인을 찾아 다시는 똑같은 실패를 반복하지 않게 된다. 실패를 거울삼아 새로운 교훈을 얻을 수도 있고, 실패하는 과정을 통해 단련되어 더욱 성장할 수 있다. 실패의 경험은 성공으로 가는 과정이라 할 수 있다. 그리고 실패는 누구나 하는 것이다. 처음 시도는 누구에게나 낯설고 어설프기 마련이다. 새로운 일을 처음부터 잘하는 사람은 없다. 실패를 경험할수록 그 일에 익숙해지고 숙련되어 성공할 가능성이 높아진다. 실패가 꼭 열심히 하지 않았기 때문도 아니다. 단지 운이 나빴을 수도 있고, 나보다 더 뛰어난 사람들이 있었을 수도 있다.

실패의 경험은 누구에게나 소중하다. 실패를 경험함으로써 진정한 성공의 가치를 알 수 있고 자신의 부족한 점을 깨닫기도 한다. 오히려 실패의 경험 없이 성공하는 것이 더 위험할 수도 있다. 실패를 모르고 성공하면 교만해지고 자만하기 쉽다. 그래서 성공한 사람들이 추락할 때는 걷잡을 수 없이 추락하기도 한다. 어떤 일을 시도할 때는 누구나 실패할 수 있다는 것을 인정해야 한다. 사회에서도 실패하는 사람들에 대한 보다 관대한 자세가 필요하다. 실패가 두려워 시도조차 하지 않는다면 새로운 경험을 할 수 없다. 우리는 실패의 경험을 통해서 더욱 성숙해질 수 있다. 아픈 만큼 성숙해진다는 말도 있지 않은가. 실패의 고통도 나중에는 좋은 추억이 될 수 있다.

숱한 실패의 경험을 통해 성공한 경영자를 소개해 보겠다. SNOW FOX라는 프랜차이즈 사업을 운영하는 김승호 회장은 미국으로 건너가 사업을 시작하였다. 그는 한국인으로서 미국에서 가장 성공한 사업가 중에 한 사람이다. 7번의 실패와 단 한 번의 성공으로 4천억원대의 자산가가 되었고 전 세계 최대 규모의 도시락 체인 기업을 경영하고 있다.

그는 사업에 실패할 때마다 아내가 다시 도전해 보라고 격려하였다고 한다. 그리고 마지막 7번째 실패를 겪었을 때에는 아내가 웨이트리스라도 해서 먹여 살릴 테니 또다시 도전해 보라고 하였다고 한다. 그 말을 듣고 그는 아내의 무릎에 얼굴을 묻고 펑펑 울었다고 한다. 한 인터뷰에서 그는 이렇게 말했다.

"7번 실패했다. 가르쳐주는 선배도 없었다. 실패를 통해 배울 수밖에 없었다. 특이한 것은 7번 모두 다른 이유로 실패했다. 그게 큰 경험이 된 것 같다."

이처럼 실패의 경험은 성공으로 가기 위한 과정이다. 실패하고 나서 다시 도전하지 않기 때문에 성공할 수 없는 것이다. 그리고 실패하면 왜 실패하게 되었는지 원인을 파악하는 것이 무엇보다 중요하다. 그 경험을 자신의 자산으로 만들어야 다음 시도에서 같은 실수를 반복하지 않는다.

나도 살아오면서 많은 실패를 경험하였다. 고입 실패, 대입 실패, 대학원 진학 실패, 수많은 입사 실패, 교수임용 실패, 논문등재 거부, 책 출간 거절 등 수많은 실패를 거듭해 왔다. 그러면서 나 자신을 되돌아보게 되었고 더욱 성장할 수 있었다. 나는 실패를 했을 때 고통스럽고 괴로웠지만 세월이 흘러 생각해 보니 그 시절의 실패가 지금의 나를 만들었다고 생각한다. 그때의 실패에 굴하지 않고 다시 도전한 결과 실패했던 거의 모든 것을 이룰 수 있었다. 나는 새로운 일을 경험하는 것을 매우 좋아해서 지금까지 새로운 경험을 쌓기 위해 많은 노력을 하였다. 물론 처음 새로운 일을 경험할 때에는 두렵고 미숙하였다. 그러나 다양한 많은 경험을 쌓으며 용기와 자신감을 얻을 수 있었다. 그 일들 중에는 실패한 경험이 더 많았다. 하지만 다양한 실패의 경험을 통해 학습의 기회를 얻게 되어 지식을 확장할 수 있었고, 세상을 보는 시야를 더욱 넓힐 수 있었다.

실패의 경험은 인생을 살아가는 데 중요한 자산이 된다. 실패는 포기하지 않는 이상 실패가 아니다. 오히려 새로운 것을 경험하지 않는 것이 진짜 실패라고 할 수 있다. 새로운 것에 대한 호기심과 관심 없이 살아가는 인생은 무미건조할 뿐이다. 사람은 실패의 경험이 많을수록 인생의 깊이를 느낄 수 있다. 그리고 많은 실패를 겪어봐야 진정한 행복이 무엇인지 알게 된다.

세상에는 두 가지 타입의 사람들이 있다고 한다. 발전을 추구하는 타입과 실패를 회피하려는 타입이다. 영국 켄트대University of Kent 심리학과 교수인 요아힘 스토버Joachim Stoeber는 2008년 동료들과 다음과 같은 연구를 진행하였다.

비슷한 학업능력을 갖춘 100명의 영국 대학생들을 대상으로 발전을 추구하려는 성향과 실패를 회피하려는 성향에 대한 수준을 측정하였다. 발전 추구형은 "나는 탁월함을 최대로 추구한다." "나는 목표가 정해지면 완벽히 실행하려고 노력한다"라는 설문에 그렇다고 답하였다. 그러나 실패 회피형은 "일이 잘 진행되지 않으면 심하게 스트레스를 받는다." "실수하면 무척 화가 난다."에 그렇다고 답변하였다. 그런 다음 학생들에게 각각 난이도가 다른 7가지 형태의 문제를 주고 1가지를 선택해서 마음대로 풀어보게 하였다. 그런데 사실은 모두 같은 수준의 문제였다. 결과적으로 탁월함을 추구하는 성향이 높을수록 어려운 문제를 택하였다. 그러나 실패에 두려움을 느끼는 성향이 큰 학생들은 쉬운 문제를 택하였다. 다시 말하면 발전 추구형 학생들은 자신의 능력에 대한 자신감이 높은 반면 실패 회피형 학생들은 자신감이 낮았다. 이와 비슷한 다른 연구에서도 발전 추구형 태도가 실패 회피형 태도보다 성공에 훨씬 유리하다는 것과 정신적으로나 육체적으로 더 건강하다는 결과가 나왔다.

이와 같이 발전을 추구하려는 사람들은 실패에 굴하지 않고 새로운 경험에 도전한다. 실패의 경험은 이들을 더욱 분발하게 한다. 그러나 실패를 겪으려 하지 않는 사람들은 새로운 일을 경험하는 것을 두려워하여 도전조차 하지 않으려 한다.

#5 _ 소유와 경험을 위한 소비

최근 개인들의 소비 트렌드가 많이 변하고 있다. 대표적인 것이 스트리밍 라이프Streaming Life다. 스트리밍은 흐른다는 뜻으로, 플랫폼에 접속하여 언제든지 음악, 영화, 드라마와 같은 컨텐츠를 즐길 수 있다. 다시 말해서 데이터가 물 흐르듯이 재생되어 원하는 시간에 언제든 즐길 수 있다는 것이다. 스트리밍 라이프는 사람들의 니즈가 소유에서 사용과 공유로 변한 것을 보여주는 것으로 소유에 대한 욕망이 과거처럼 높지 않다는 것을 보여준다. 나의 젊은 시절만 해도 부족한 것이 많은 시대여서 무엇이든 소유하려는 욕구가 강하였다. 그러나 요즘 젊은 세대는 물건에 대한 소유욕이 과거만큼 강하지 않아서 소유하기보다는 공유하며 경험하는 것에 대한 선호도가 높아졌다. 사실 지금은 경제불황기여서 젊은 세대가 원하는 것을 다 가질 수 없는 상황이 영향을 미쳤을 가능성도 있다.

그러나 나는 소유하는 것에 의해 만족할 수 있는 것은 한계가 있음을 깨달은 것이 아닌가라는 생각도 든다. 어떤 물건을 소유함으로써 만족감을 느끼는 것은 어차피 한계가 있다. 아무리 원하는 물건이라도 그 물건을 얻게 된 후 만족감을 느끼는 기간은 그리 길지 않다. 일정시간이 지나면 더 이상 그 물건의 소유에 대해 만족감을 느끼지 못한다. 다른 물건을 소유한다 하더라도 마찬가지다. 그러나 경험은 오랫동안 유지될 수 있으며 추억으로 기억에 남게 된다. 특히 중요한 사람들과 같이 경험을 나눈 것은 쉽게 기억에서 사라지지 않고, 그때를 회상할 때마다 행복감에 젖기도 한다. 따라서 소유보다는 경험에 대한 만족감이 더 클 수밖에 없다.

소유와 경험에 대한 다음과 같은 연구결과가 있다. 2000년 사회심리학자인 밴 보벤(Van Boven)과 동료들은 20대에서 60대까지의 성인 1,200명을 대상으로 소유와 경험에 대해 전화조사를 실시하였다. 그 내용을 보면 조사대상자들에게 지금까지 살아오면서 소유를 위한 소비(예를 들면 옷, 전자제품, 귀금속 등)와 경험을 위한 소비(예를 들면 여행, 콘서트, 공연 티켓 등) 중에 어떤 소비를 했을 때 더 행복하였는지를 물었다. 그 결과, 경험하기 위한 소비라고 답변한 사람이 57%이고 소유하기 위한 소비라고 대답한 사람이 34%였다. 즉, 많은 사람들이 새로운 경험을 위해 소비하는 것을 소유를 위해 소비하는 것보다 행복하게 느끼고 있다는 뜻이다. 그 이유는 경험을 위해 소비하는 것은 주로 다른 사람들과 관계를 통해 이루어지는 활동이지만 소유를 위해 소비하는 것은 순간적인 자기만족을 위한 소비여서 그 행복감이 크지 않은 것이다.

이처럼 다른 사람들과 함께 나눌 수 있는 경험은 행복감을 준다. 나아가 경험을 위한 소비는 상상력을 발휘할 여지가 많기 때문에 소유를 위한 소비보다 더 행복하게 느낄 수 있다. 물질적 소유를 원하는 사람은 자신을 남과 비교하게 된다. 예를 들어 내가 1억원을 벌어도 다른 친구가 1억 5천만원을 번다면 만족하지 못하지만, 자신이 5천만원을 벌 때 친구가 3천만원을 번다면 만족하게 된다. 그러나 경험은 비교의 기준이 없다. 그 경험 자체로 가치가 있다. 따라서 경험은 더 만족스럽게 느낄 수밖에 없다.

이렇게 소유에서 경험으로 소비의 트렌드가 바뀐 것을 무엇으로 설명할 수 있을까? 이를 위해 인간의 욕구를 5단계로 나누어 설명한 매슬로A. H. Maslow의 이론을 살펴보자.

〈그림 1〉 인간의 욕구 5단계

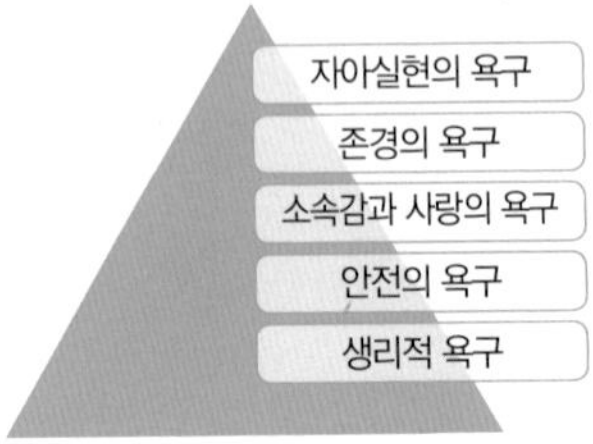

자아실현의 욕구
존경의 욕구
소속감과 사랑의 욕구
안전의 욕구
생리적 욕구

〈그림 1〉에서 나타나듯 인간의 욕구는 다양하다. 그리고 기본적으로 아래 단계의 욕구가 충족되지 않으면 위 단계로 올라갈 수 없다. 예를 들어 1단계에서 생리적 욕구인 배고픔이 해결되지 않으면 다음 단계들의 욕구를 생각하기 힘들다. 즉 배고픈 상태에서는 재미있는 공연 티켓도 별 의미가 없다.

2단계인 안전의 욕구는 육체적 안전과 경제적 여유라 할 수 있다. 이런 안전에 대한 욕구가 채워지지 않는다면 역시 다른 욕구의 단계로 넘어갈 수 없다. 예를 들어 지금 생활고에 시달린다면 다른 어떤 것에도 신경 쓰지 못하는 것이 당연하다. 그 다음 단계의 욕구들은 모두 경험과 관련되어 있다.

3단계인 소속감과 사랑의 욕구는 타인에게 사랑받거나 어느 조직에 소속되려는 욕구다. 예를 들면 친구를 만나거나 동호회 활동을 하는 것이다.

4단계의 존경의 욕구는 타인에게 존중받고 싶어하는 욕구다. 예를 들면 다른 사람들에게 인정받으려 교육이나 학습을 하는 욕구다.

5단계는 자아실현의 욕구다. 이 욕구는 전 단계의 욕구들과 달리 무엇인가 결핍되어 느끼는 욕구가 아니라 보다 적극적으로 자신의 가능성을 실현하고 싶은 욕구다. 예를 들면 친구나 가족들과 여행을 하고 싶은 욕구다.

인간은 1단계와 2단계의 욕구가 채워지면 3단계 이상의 욕구에 관심을 갖게 된다. 지금 우리 사회의 구성원들은 대부분 인간의 기본적 욕구인 1단계와 2단계의 욕구는 어느 정도 충족되었고 3단계 이상의 욕구에 대한 소비가 늘고 있다. 물론 아직도 1단계와 2단계의 욕구가 채워지지 않은 사람들도 있다. 그런 사람들은 당연히 3단계 이상의 욕구에 관심을 기울이기 어렵다.

앞으로는 많은 사람들이 소유보다는 경험을 위한 소비에서 더 큰 만족감을 느낄 것이다. 지금은 사람들이 필요한 물건은 이미 대부분 소유하고 있기 때문이다. 여러분은 지금 어떤 소비를 하고 있는가? 여러분도 소유를 위한 소비보다는 경험을 위한 소비를 하는가? 그렇다면 여러분의 인생에서 행복을 느낄 가능성이 더욱 커질 것이다.

PART 8

성장

지금은 무한경쟁시대이다

경쟁이 심화될수록 스트레스가 심해지고 인생은 피폐해진다. 물론 선의의 경쟁은 도움이 되는 면도 있다. 서로 의지를 북돋으며 분발해야겠다는 마음을 가질 수 있기 때문이다. 그러나 지금의 경쟁은 남을 이기기 위한 것이 대부분이다. 우리는 누가 경쟁자인지도 모른 채 끝없는 경쟁을 하고 있다. 이런 경쟁은 대부분 도움이 되지 않는다. 지금은 누구나 경쟁에서 이기기 위해 너무나 큰 에너지를 쏟고 있다. 이런 지나친 경쟁은 승자에 대한 질투와 시기심을 유발할 수밖에 없다. 이런 타인과의 경쟁보다는 자신과의 경쟁이 더 바람직하다. 자신과의 경쟁은 어제보다 나은 오늘, 그리고 오늘보다 나은 내일을 만드는 것이다. 다시 말해서 하루하루 조금씩이라도 성장해 나가는 것이다. 이런 성장은 남들과 경쟁할 필요가 없다. 매일 성장하는 삶은 자신의 삶을 의미 있게 만든다. 매일 성장한다고 느낄 때 인생의 기쁨도 느낄 수 있다. 우리는 남들과 경쟁하는 분야에서 베스트 원Best one이 되기보다 자신이 원하는 분야에서 온리 원Only one이 되는 것을 인생의 목표로 삼아야 한다.

우리 세대는 어릴 때부터 지금까지 경쟁을 하면서 살았다. 물론 지금 자라나는 아이들도 마찬가지다. 어릴 때부터 부모로부터 남보다 더 잘하라는 말을 듣고 학교에서도 치열하게 경쟁하며 생활한다. 모든 평가는 학교성적으로 결정되며 이에 따라 학교에서 등수가 정해진다. 우리가 공부를 하는 목적도 남들을 이기기 위해서인지도 모른다. 그래야 남들보다 더 좋은 학교에 진학할 수 있고 잘살 수 있다고 믿기 때문이다. 대학을 졸업한 뒤에도 마찬가지다. 좋은 회사에 취업하기 위해서는 남들과 경쟁에서 이겨야 하고 그래야 평생 안정적으로 편하게 살 수 있다고 믿는다. 모든 것이 경쟁을 통해 이루어지다 보니 일부 사람들은 올바르지 못한 방법을 쓰기도 한다. 더욱 큰 문제는 늘 경쟁만 생각하며 살아가는 것이다. 그래서 우리의 삶은 자주 피곤하고 지치게 되며 항상 긴장감을 늦출 수 없다.

물론 경쟁이 무조건 나쁘다고 할 수는 없다. 선의의 경쟁은 나를 더욱 분발하게 만들고 상대에게도 긍정적인 영향을 줄 수 있다. 선의의 경쟁을 통해 서로 성장해 나갈 수 있다. 그런데 문제는 우리의 경쟁이 선의의 경쟁이 아니라는 것이다. 대부분의 사람들이 경쟁을 통해 남들보다 우수해야 살아남을 수 있다는 생각을 갖고 있다. 이것은 우리 사회의 모든 분야가 마찬가지다. 그렇다 보니 방법과 수단을 가리지 않고 편법을 쓰거나 불법을 저지르기도 한다. 경쟁에서 승리한 사람만이 모든 혜택을 누리고 경쟁에서 패한 사람은 극심한 고통을 겪는다. 그리고 한번 경쟁에서 밀려나면 다시는 경쟁의 무대에 설 수 없는 상황이 되기도 한다. 요즘에는 더 이상 개천에서 용이 나오기 어려운 시대가 되었다는 말을 자주 듣는다. 시간이 갈수록 경쟁이 불공정하게 흘러가고 있다는 느낌이다.

　우리는 살아가면서 너무나도 경쟁을 의식한 나머지 자신을 자꾸만 남과 비교하곤 한다. 남이 이만큼 하면 나는 그 이상을 해야 하고, 남이 어떤 것을 사면 나는 그보다 더 좋은 것을 사야 한다는 식이다. 경쟁은 어느새 무한경쟁이 되었고, 경쟁의 강도는 점점 강해지고 있다. 아무리 열심히 노력해도 인생에서 보장되는 것은 아무것도 없다. 이것은 전문직도 마찬가지다. 예전에는 그렇지 않았다. 과거에는 명문대학을 졸업하면 어느 정도 인생이 보장이 되었고 다른 사람으로부터 인정받았다. 그러나 지금은 시대가 완전히 바뀌어 인생을 보장해 줄 어떤 것도 존재하지 않고 누구나 미래의 삶이 불안하다. 그래서 더욱 자신을 다그치며 열심히 노력하는 것 외에 방법이 없다. 물론 경제적으로 여유가 있는 사람이라면 문제가 없겠지만 대부분의 사람들은 그렇지 않다. 오로지 자신밖에 믿을 사람이 없다 보니 경쟁에서 이겨야만 한다는 강박관념을 가지고 살아간다. 그러다 보니 인생이 더욱 각박하고 삭막해졌다.

우리는 경쟁 대상이 누군지도 모른 채 무조건 경쟁에서 이기기 위해 노력하고 있다. 이 말은 누구나 나의 경쟁상대가 될 수 있다는 말이다. 이렇게 모든 사람을 경쟁대상으로 삼으면 다른 사람들과 협력할 수 없게 된다. 경쟁자가 될 수 있는 사람에게 도움이 되는 일을 할 수는 없기 때문이다. 그러나 경쟁보다는 협력이 세상을 더욱 현명하게 살아가는 데 도움이 된다. 누구나 혼자서 성공하기에는 한계가 있다. 내가 크게 성공하기 위해서는 다른 사람이 나를 도와주어야만 한다. 대부분의 성공자들은 주위의 도움이 있었기 때문에 자신이 성공할 수 있었다고 한다. 그만큼 자신의 힘만으로는 성공하기 어렵다는 말이다.

내가 5년 전 S대학의 교수직에 있을 때 같이 근무하던 동료 교수와 차를 타고 가다가 경쟁은 나쁜 것이라는 말을 듣게 되었다.

그때 나는 그 말의 의미를 잘 파악하지 못했다. 당시 나는 우리 사회를 보면 경쟁이 없는 곳이 없고 경쟁이 없으면 모든 일이 잘 돌아가지 않을 거라고 생각하고 있었다. 나도 그때 엄청난 경쟁을 뚫고 교수가 되었으니 말이다. 그러나 지금은 그 얘기의 의미를 어느 정도 이해할 수 있게 되었다. 경쟁이 우리의 인생을 피폐하게 만들 수 있다는 말이다. 지금 우리가 하는 일들은 거의 다 경쟁의 원리로 흘러가고 있으며 모두가 경쟁에서 상대를 이기기 위해 자신의 모든 것을 바치고 있다. 더욱이 많은 사람들이 어쩔 수 없이 자신이 원하지 않는 일을 하면서 스트레스를 받고 있다.

2020년 초에 한국일보가 여론조사 기관인 한국리서치에 의뢰해 1,000명(Z세대 500명과 X세대 500명)을 대상으로 온라인조사를 한 결과를 보면 우리나라를 '헬 조선'이라고 하는 말에 동의하는 비율이 Z세대는 70.5%, X세대는 37.8%로 나타났다. 그 이유는 남들과 끊임없이 경쟁하고 비교하는 삶이 그들을 힘들게 하기 때문이다. 따라서 기성세대보다 Z세대의 삶의 만족도가 크게 떨어진다. 그리고 최근 Z세대는 고위 공직자의 부정한 행위 등을 뉴스로 접하면서 경쟁 자체가 공정하지 않다고 생각하고 경쟁에 대해서도 부정적인 인식이 강한 편이다. 경쟁이 개인의 삶의 질을 악화시키냐는 설문에 그렇다고 답한 Z세대는 43.8%로 기성세대의 29.4%보다 높게 나타났다. 또한 그들은 만성적으로 스트레스를 느끼는 것으로 나타났다. Z세대는 스트레스를 많이 느끼는 편이라고 답한 비율이 X세대보다 10% 이상 높은 42.4%로 조사되었다. 그리고 Z세대가 생활수준에 대해 남들과 자주 비교하는 비율은 X세대에 비해 2배가 많은 34.5%로 조사되었다.

이처럼 경쟁은 어느 정도 순기능 역할도 있지만 너무 지나치게 되면 많은 문제가 발생한다. 특히 경쟁이 심한 사회에서는 남을 배려할 수 있는 마음이 생기기 어렵다. 모두 남들을 이기기 위해 노력하다 보니 남들을 생각할 여유가 부족해지는 것은 어찌 보면 너무나 당연하다. 또한 극심한 경쟁에서 진 사람들은 많은 좌절감을 느낄 수밖에 없고 사회를 원망하게 된다. 이런 사회는 우리가 바라는 사회가 아닐 것이다. 따라서 경쟁을 지나치게 강조하기보다는 어떻게 하면 우리 모두가 더불어 잘살 수 있을지에 대한 고민이 필요한 때다.

#2 _ 베스트 원보다는 온리 원

누구나 자기 분야에서 최고가 되고 싶어한다. 그래야 다른 사람들로부터 인정받을 수 있고 돈도 많이 벌 수 있다. 그런데 지금 우리 사회는 경제활동을 하는 사람이 너무 많다. 한국은 국토는 좁고 인구는 많아서 인구밀도가 높은 국가 중 하나다. 그렇다 보니 어느 분야든 사람이 너무 많아서 경쟁이 치열하다. 기존에 이미 존재하는 분야에서 두각을 나타낼 수 있는 사람은 극소수에 불과하다. 모든 분야에서 많은 사람들이 경쟁하고 있고 대다수의 사람들은 능력이 평균적으로 비슷하다. 물론 어떤 분야에서든 최고인 사람이 있지만 최고가 되기 위한 과정은 너무나 험난하다. 그래도 자신이 잘할 수 있고 좋아하는 분야라면 도전해 볼 가치가 있다. 험난한 과정을 거쳐 이겨낼 가능성이 크기 때문이다. 실패하더라도 자신이 좋아하는 일이기 때문에 후회하지 않고 다시 도전할 수도 있다.

하지만 자신이 좋아하고 잘할 수 있는 분야라 하더라도 한 분야에 모든 사람이 최고가 될 수는 없다. 설령 그 분야에서 최고가 되었다 하더라도 조금만 노력을 게을리하면 나보다 우수한 사람들이 곧 나타난다. 세계적인 경영사상가 말콤 글래드웰Malcolm Gladwell이 "1만 시간을 투자해야 어느 분야에서든 최고가 될 수 있다."고 하였듯이 최고가 되려면 엄청난 노력과 시간투자가 필요하다. 세상에 공짜로 얻을 수 있는 것은 없다. 장기간 꾸준히 노력하는 것은 누구에게나 쉬운 일이 아니다.

따라서 기존에 이미 존재하는 분야에서 어려운 경쟁을 하기보다는 남들이 하지 않는 새로운 분야를 개척하는 편이 나을 수 있다. 기존의 분야라 하더라도 남들이 하지 않는 방식으로 차별화할 수도 있다. 어떻게 그런 일을 할 수 있을까? 먼저 주변을 둘러보는 것이 필요하다. 그런 다음 많은 사람들이 불편을 느끼는 것은 없는지 주의 깊게 살펴볼 필요가 있다. 많은 사람들이 불편하게 느끼고 있지만 아직 해결되지 않은 문제는 얼마든지 있다.

캐나다의 기업인 개릿 캠프Garrett M. Camp는 전화로 택시를 부르는 것을 불편하게 느꼈고, '이런 불편을 느끼는 사람들을 위해 새로운 서비스를 제공하면 어떨까?'라고 생각하게 되었다. 그는 스마트폰을 이용해 택시를 부를 수 있는 아이디어를 떠올리고 우버를 설립하게 되었다. 택시는 어느 나라든 존재하는 교통수단이다. 그러니 누구나 이런 아이디어를 내서 사업화할 수 있다. 그러나 그를 제외하고는 아무도 하지 않았다. 그는 많은 사람들이 느끼는 불편을 간과하지 않은 덕분에 택시사업을 새로운 관점에서 재해석하여 기존과 다른 편리한 서비스를 만들 수 있었다. 아무리 아이디어가 좋더라도 그것을 실행에 옮기지 않으면 무용지물이 되고 만다. 그러나 그는 과감하게 아이디어를 바로 사업화하여 성공을 거뒀다. 이처럼 기존의 사업이라 할지라도 어떻게 해석하느냐에 따라 완전히 새로운 사업으로 탄생할 수 있다. 만약 그가 기존방식대로 택시사업을 했더라면 절대 성공하지 못했을 것이다. 특히 지금은 4차 산업이 발전해 가는 상황이기 때문에 기존의 사업에 4차 산업을 잘 접목하면 기회는 얼마든지 있다. 예를 들면 농업에 IoT Internet of Things 나 AI Artificial Intelligence 기술을 접목하여 기존과 다른 방식으로 사업을 전개하는 것이다.

기존 분야에서 극심한 경쟁을 통해 베스트 원이 되는 것보다는 자신이 새로운 분야를 개척하거나 기존의 사업을 재해석함으로써 온리 원이 되는 편이 더 낫다. 이런 사업은 경쟁하지 않아도 되기 때문이다. 개인도 마찬가지다. 학교에서처럼 성적으로만 학생을 평가하면 오직 한 사람만이 최고가 될 수 있다. 그러나 각각의 학생들이 잘할 수 있는 분야를 찾아서 재능을 키운다면 모두가 승자가 될 수 있다. 누구나 베스트 원이 아닌 온리 원이 될 수 있다는 말이다.

문학평론가인 이어령 박사도 이에 대해 다음과 같이 말했다.

"360명이 뛰는 방향을 따라서 경주를 하면 아무리 잘 뛰어도 1등부터 360등까지 있을 거예요. 그런데 남들이 뛴다고 뛰는 것이 아니라 내가 뛰고 싶은 방향으로 각자가 뛰면 360명 모두가 1등을 할 수 있어요. 베스트 원이 될 생각하지 마세요. 온리 원, 하나밖에 없는 사람이 되세요.

나는 한 명뿐인데 왜 남과 똑같이 살아야 하나요? 왜 남의 인생이나 남의 생각을 따라가요? 사람들이 우르르 몰리는 길이라도 내가 가고 싶은 길이 아니라면 대담하게 정말 가고 싶은 길을 가세요. 쓰러져 죽더라도 내가 원하는 삶으로 가라는 거예요. 자기 삶은 자기 것이기 때문에 다른 사람이 어떻게 할 수 없어요. 그걸 늙어서 깨달으면 큰일 나죠. 사실 나는 지금 투병 중이에요. 아무리 고통스럽고 절망스러워도 죽음은 피할 수 없는 거죠. 젊은이들의 가장 큰 실수는 자기는 안 늙는다고 생각하는 것이죠. 젊은이는 늙고 늙은이는 죽어요. 그러니 내일을 산다고 생각하지 말고 오늘 이 순간의 현실을 잡으라는 것이지요."

누구나 자신만의 재능을 가지고 있다. 단지 그 재능을 발견하지 못했을 뿐이다. 따라서 그런 재능을 찾기 위해서라도 많은 일에 도전해 보아야 한다. 그래야 자신이 어떤 일에 재능이 있는지 알 수 있다. 신은 인간에게 각각 다른 재능을 주었다. 어떤 사람은 공부에 재능이 있고 어떤 사람은 노래에 재능이 있으며 어떤 사람은 그림에 재능이 있다. 모두의 재능이 다 다른데 왜 한 분야만으로 평가를 할까? 다행스럽게도 어느 한 분야에 재능이 있고 실력이 있으면 그 분야를 기반으로 살아갈 수 있는 분위기가 조성되고 있다. 지금은 SNS나 유튜브를 통해 자신의 재능을 사람들에게 널리 알릴 수 있다면 굳이 취업을 하지 않더라도 잘살 수 있다. 앞으로 사람들의 니즈는 더욱 세분화되고 다양해질 것이므로 그런 니즈를 잘 파악해서 충족시킬 수 있다면 충분히 1인 기업으로도 살아갈 수 있다. 자신의 재능과 좋아하는 것을 찾아서 남들이 하지 않는 방식으로 그 일을 해 나가면 된다.

여러분은 분명 자신만의 재능이 있다. 그 재능을 차별화해서 어떻게 살릴 수 있을지 고민해 보기 바란다. 물론 그 일이 좋아하는 일이면 더욱 바랄 것이 없을 것이다. 여러분의 건투를 빈다.

#3 _ 경쟁보다 성장이 중요하다

　　모든 생물은 성장하고 성장하지 않는 생물은 오래 살지 못한다. 세상의 모든 것도 조금씩 발전하는 방향으로 움직인다. 사람도 마찬가지다. 사람도 성장하지 못하면 도태되고 밀려날 수밖에 없다. 그리고 성장이야말로 인생을 살아가는 진정한 의미다. 사람은 성장할 때 삶의 보람과 가치를 느낀다. 또한 성장하는 삶은 생기 있고 재미있다.

　　최근 김난도 교수의 〈트렌드 코리아 2020〉이라는 책에 소개된 10대 키워드 중 하나가 '업글 인간'이다. 업글 인간은 매일 성장하는 삶을 추구하는 사람이다. 인간의 삶이 업그레이드된다는 뜻의 이 용어는 최근 젊은이들의 새로운 자기계발 트렌드를 나타낸다. 특히 남들과의 경쟁이 아니라 자기 스스로 어제보다 나은 삶을 살아가는 것을 의미한다. 다시 말해서 인생에서의 성공보다는 하루하루의 성장을 추구하는 삶이다. 이런 사람들의 자기계발 목적은 인생에서의 작은 행복이다. 따라서 그들은 소소하지만 확실한 행복, 즉 소확행을 추구한다. 또한 그들은 핫한 몸, 딥한 취미, 힙한 지식을 갖추는 방식으로 업글 인간이 되려 한다.

이처럼 지금은 누구나 자신의 성장에 많은 관심을 갖고 있고 이를 통해 행복을 추구하는 경향이 강하다. 평생교육 전문기관인 휴넷이 실시한 자기계발에 대한 조사결과를 보더라도 알 수 있다.

2020년 초 휴넷에서 직장인 987명을 대상으로 2020년에 이루고 싶은 소망에 대해 조사하였다. 그 결과를 보면 1위와 2위는 각각 자격증 취득과 외국어 습득이었다. 이는 최근 업글 인간이 주목 받고 있는 상황을 잘 반영하고 있다. 그 내용을 세부적으로 보면 자격증 취득이 20.7%, 외국어 습득 20.0%, 이직 및 창업 17.1%, 건강관리 17.1%, 재테크 성공 13.6%, 연봉인상 및 승진 6.4%로 나타났다. 그리고 조사대상자의 94.4%가 올해 자기계발을 위한 학습계획이 있다고 밝혔으며 이는 2019년보다 4.1% 증가한 수치다.

누구나 성장하는 삶을 살 수 있다. 그리고 자신의 성장에 한계를 두지 말아야 한다. 우리는 노력한 만큼 성장할 수 있다. 단지 자신이 계속 성장할 수 있다는 사실을 믿지 못할 뿐이다. 자신이 더 이상 성장할 수 없다고 생각하는 순간 정말로 성장은 멈춘다. 이에 대한 재미있는 예를 들어보겠다.

일본에서는 고이ㅋㅓ라는 비단잉어를 관상어로 많이 키운다. 이

물고기는 어항에서 키우면 8센티미터 정도로 자라지만, 연못이나 수족관에서 키우면 15~25센티미터까지 성장한다고 한다. 하지만 신기하게도 강에 방류하면 1미터 이상 큰다고 한다. 즉 환경에 따라 작은 물고기가 될 수도 있고 대어가 될 수도 있다. 이처럼 물고기도 성장에 대한 잠재력이 어마어마하다. 사람도 마찬가지로 성장에 한계를 두지 않으면 기대 이상으로 성장할 수 있다.

한편 경쟁은 다른 사람들과 하는 것이다. 다른 사람을 이겨야 내가 승자가 된다. 그러나 성장은 다른 사람과 관계 없이 자신과의 싸움에서 이기는 것이다. 나태해지지 않고 자신을 잘 관리할 수 있어야 성장할 수 있다. 경쟁은 많은 사람들에게 패배를 안기지만 성장은 모든 사람이 승리할 수 있다. 지금 젊은 사람들이 업글 인간에 매료되는 것도 지나친 경쟁에 지쳤기 때문일 수도 있다. 서로 능력이 비슷하면 내가 열심히 노력해도 남들도 열심히 노력하므로 경쟁에서 질 수도 있다. 그러나 성장은 다르다. 다른 사람들과 경쟁하지 않기 때문에 내가 꾸준히 노력하면 지속적으로 성장할 수 있다. 성장은 매일 조금씩 발전해 나가는 것이다. 발전의 속도는 중요하지 않다. 개인의 여건이나 환경에 따라 달라질 수 있기 때문이다. 중요한 것은 조금이라도 매일 성장하는 것이다.

주변에서 성장을 멈춘 사람들을 종종 본다. 특히 나이가 들수록 이런 경향이 커지는데, 이들은 성장보다 안정을 추구하는 것이다. 그러나 성장은 안전지대에서 벗어나 리스크를 감내해야 가능하다. 성장에는 고통이 따른다. 그렇기에 성장이 가치가 있다. 성장은 나이가 들어도 할 수 있다. 어떻게 보면 나이는 정말 숫자에 불과하다. 인간은 죽을 때까지 성장할 수 있다. 지금 내 나이 대의 많은 사람들이 이미 성장이 멈추어 있다. 참으로 안타까운 일이다. 지금은 60세가 넘어도 경제활동에 전혀 문제가 없다. 지금처럼 빨리 변화하는 세상에서 자기계발에 소홀하면 쓸모없는 사람이 된다. 어떻게 보면 성장은 생존의 문제이기도 하다. 특히 새로운 직업을 찾아야 하는 50대 이상의 중년들은 자기계발이 필수다. 그래야 100세 시대를 대비하여 평생 현역으로 일할 수 있다. 일은 생계수단일 뿐만 아니라 일을 통해 자아실현을 할 수 있고 건강도 지킬 수 있다. 그런데 자기계발을 하지 않아 새로운 일을 할 수 있는 능력을 갖추지 못한다면 어떻게 100세 시대를 살아갈 수 있겠는가?

경쟁은 피할 수 없는 부분도 있다. 그러나 남들과 비교하면서 경쟁하는 것은 한계가 있다. 아무리 경쟁에서 상대를 이긴다 해도 나보다 뛰어난 강자는 다시 생기기 마련이다. 그리고 남들과 자꾸 비교하다 보면 자신이 초라하게 느껴져 자존감이 낮아진다. 따라서 남들과 비교하면서 경쟁하는 것보다는 자신의 어제와 오늘 그리고 오늘과 내일을 비교하는 것이 더 현명하다. 남들과 비교하지 않고 자신의 과거, 현재 그리고 미래를 비교하면 성장할 수 있고, 보다 큰 삶의 행복을 찾을 수 있다.

과거를 돌이켜보면 나도 경쟁 속에서 앞만 보며 달려왔다. 그러나 이제는 그 결과가 과연 무엇인지 생각해 보게 된다. 과연 경쟁에서 이기기 위해 살아온 인생이 올바른 삶의 방향이었을까? 아쉽게도 그런 것 같지는 않다. 하지만 지금은 성장하는 삶을 나의 사명으로 삼고 있다. 그리고 매일 성장하는 삶이야말로 인생을 의미 있게 살아가는 방법이라 여기고 있다. 매일 성장하는 나를 느낄 때마다 가슴이 벅차오르고 삶의 만족감도 느낀다.

여러분은 지금 어떤 삶을 살고 있는가? 오늘보다 더 나은 내일을 위해 살고 있는가? 그렇다면 후회하지 않는 삶이 될 것이라 확신한다.

#4 _ 성장을 위한 방법

　　어떤 사람이든 성장이 가능할까? 나는 누구나 어느 분야에서든 성장이 가능하다고 본다. 그 분야가 전문분야일 수도 있고, 취미분야일 수도 있으며, 건강관리가 될 수도 있다. 분야마다 성장의 방식은 조금씩 다를 수 있지만 어떤 식으로든 지속적인 노력을 기울여야 하는 것은 똑같다. 다시 강조하지만 노력하지 않으면 성장할 수 없다.

　　그럼 성장을 위해 먼저 무엇을 해야 할까? 나는 자신이 성장 가능한 성장형 인간이라고 믿는 것부터 시작해야 한다고 생각한다. 이를 위해 어떤 사고방식을 가져야 할까? 사고방식에는 두 가지 유형이 있는데 바로 성장형 사고방식과 고정형 사고방식이다. 성장형 사고방식은 자신의 성격, 능력이나 지능이 노력하면 바뀔 수 있다는 생각이다. 고정형 사고방식은 자신의 타고난 성격, 능력이나 지능을 바꿀 수 없다는 생각이다. 자신이 성장할 수 있다는 긍정적 사고에서 성장이 시작되는 법이므로 성장형 사고방식을 갖고 있지 않으면 성장하기가 어렵다.

이에 대한 연구결과가 있다. 스탠퍼드 대학의 심리학과 교수인 캐럴 드웩Carol S. Dweck은 초등학교 5, 6학년 학생 330명을 대상으로 조사를 실시하였다. 성장형 사고방식을 가진 아이들과 고정형 사고방식을 가진 아이들이 문제에 대해 어떤 식으로 대처하는지에 대한 조사였다. 조사 방법은 먼저 성장형 사고방식을 가진 아이들과 고정형 사고방식을 가진 아이들에게 쉬운 문제와 어려운 문제를 각각 4문제씩 풀게 하였다. 조사결과는 다음과 같다.

성장형 사고방식을 가진 아이들은 대부분 문제를 푸는 동안 모든 문제를 풀 수 있다는 긍정적 사고를 갖고 문제를 풀었으며 어려운 문제도 풀 수 있다는 믿음으로 새로운 전략을 도출해 내기도 하였다. 따라서 어려운 문제에 대해서도 높은 성취도를 보여 주었다. 그러나 고정형 사고방식을 갖고 있는 아이들은 쉬운 문제는 어느 정도 잘 풀었지만 어려운 문제에 대해서는 '내 지능으로는 이 문제들을 풀 수 없다'는 생각으로 쉽게 포기하였다. 아이들은 "난 영리하지 못한가 봐요." 또는 "난 기억력이 나빠서 이런 문제는 못 풀어요." 등의 변명을 늘어놓았다. 그러나 이 아이들은 쉬운 문제들을 풀 때는 문제를 잘 풀어서 지능이나 기억력에 아무 문제가 없었다. 이 아이들은 어려운 문제에 부딪치자 자기 자신에 대해 확신을 잃고 실패를 지능 탓으로 돌렸다.

이 조사결과를 보면 사고방식이 얼마나 중요한지 알 수 있다. 성장형 사고방식을 가진 아이들은 도전정신과 창의성, 성취도가 높은 것을 알 수 있다. 그리고 성장형 사고방식을 가진 아이들은 실패를 두려워하지 않고 도전한다. 드웩은 사람들이 타고난 배경, 기질, 성격과 재능은 모두 다르지만 누구나 노력과 경험을 통해 변화하고 성장해 나갈 수 있다고 했다.

이처럼 성장형 사고방식을 갖고 있어야 자신을 성장시키는 데 도움이 된다. 성장형 사고방식을 갖기 위해서는 무엇보다 긍정적인 생각을 해야 한다. 자신은 무엇이든 할 수 있다는 생각을 갖고 있어야 어려운 일을 할 때도 자신감을 가질 수 있다. 이런 자신감은 문제를 더욱 쉽게 풀어나갈 수 있는 에너지를 준다.

자기경영에 대한 책을 집필한 공병호 박사는 최근 자신을 성장시키는 방법에 대해 다음과 같이 얘기했다.

"세상에 변화가 중지되어 있으면 항상 그 장소에 머물러 있을 수 있지요. 그러나 우리를 둘러싼 기술, 고객, 시장, 상대방, 정책 등은 모두 변하기 때문에 머물러 있을 수 없어요. 그래서 우리는 늘 지속적으로 '성장하고 발전해야 된다.'고 다짐해야 하고 그것을 위해 노력해야 합니다. 이런 면에서 보면 우리의 옛날 선인들이 얘기했던 '일신우일신(日新又日新, 매일매일 새로워진다)'이라든지, '절차

탁마(切磋琢磨, 항상 열심히 갈고 닦는다)'라는 말은 삶의 진수이자 지혜라고 볼 수 있습니다.

어떻게 해야 계속해서 자기 자신을 성장시킬 수 있을까요? 이미 잘 알거나 익숙한 일을 계속해서 반복해서는 꾸준히 성장하기는 힘들다고 봅니다. 그런 경우 숙련도는 향상되겠지만, 성장이라든가 발전, 도약은 어렵습니다. 한계치까지 자신의 노력을 퍼부을 수 있을 때, 자신의 머리를 최대한 짜낼 수 있을 때, 그런 일을 하지 않을 수 없을 때, 그때 성장이라든지 발전, 도약, 비상과 같은 일이 일어날 수 있다고 생각합니다. 따라서 직장인이든 사업가이든 간에 도약이나 비상, 성장, 발전이 있는 사람들은 만만치 않고 결코 녹록하지 않습니다. 그들은 자신의 능력을 한계치까지 발휘하지 않으면 성과를 낼 수 없는 다소 어려운 새로운 과제를 자신에게 부여할 때, 그것도 마감시간을 정해놓고 이를 달성할 수 있도록 자신을 독려할 때 계단식 성장이 이루어질 수 있다고 생각합니다."

성장하기 위해서는 새로운 도전을 지속적으로 이어나가야 한다. 자신의 한계를 뛰어넘을 수 있을 때 보다 큰 성장을 할 수 있다. 새로운 일에 도전해서 실패하더라도 그 과정에서 소중한 경험을 얻을 수 있고 보다 큰 성장을 위한 준비를 할 수 있다.

그럼 성장을 위해 일상적으로 매일 어떤 일을 해야 할까? 무엇보다 관심있는 분야에 대해 지속적으로 배우려는 의지가 중요하다. 인간은 기본적으로 학습을 통해 성장한다. 특히 지금은 변화의 속도가 과거보다 더욱 가속화되고 있다. 지속적으로 학습하지 않으면 성장은커녕 변화를 따라가기도 벅차다. 학습은 독서, 체험, 세미나, 강의 그리고 사람들과의 만남 등 다양한 방법으로 이루어질 수 있다. 이런 방법으로 지속적으로 학습하여 지식과 지혜를 쌓으면 보다 현명한 판단을 할 수 있고 어려움을 극복하며 성장해 나갈 수 있다.

나도 지금까지 배움을 통해 성장해 왔다고 생각한다. 배움을 지속해 오지 않았더라면 지금의 내가 존재하지 않았을 것이다. 그리고 배움을 통해 내가 모르던 것들을 알게 되었을 때의 쾌감과 성취감은 무엇보다 소중했다. 배움을 지속한 사람이라면 누구나 이런 경험이 있을 것이다. 배울 당시에는 모를 수도 있지만 나중에 뒤돌아보면 과거보다 자신이 성장하였다는 사실을 알게 된다.

누구나 성장은 중요하다. 성장하지 않으면 결국 도태되기 마련이다. 여러분도 무한히 성장할 수 있음을 깨닫기 바란다.

#5_ 성장을 위한 자기계발

        이 시대에 성장을 위한 자기계발은 누구에게나 필수다. 자기계발은 자기가 되고 싶은 '상상의 나'와 지금 나의 상태인 '현재의 나' 사이의 간격을 메우기 위해 부단히 노력하는 행위라고 볼 수 있다.

    우리는 누구나 자신에게 바라는 '자신의 상'이 있다. 그런 자신의 상을 현실세계에서 만들기 위한 노력은 지극히 당연한 일이다. 사람들은 오늘보다 내일이 나을 것이라는 전망이 있기에 희망을 갖는다. 당장 힘이 들어도 밝은 내일이 기다리고 있다면 어떤 어려움도 극복할 수 있다. 반대로 인생에서 가장 절망적인 순간은 미래의 희망이 없다는 것이다. 미래의 희망을 꿈꿀 수 있게 만드는 것이 바로 자기계발을 통한 성장이다. 자기계발은 자신을 더욱 가치 있게 만드는 일이다. 우리는 어떤 재능이 자신의 내면에 존재하고 있는지 알 수 없다. 자신의 내면에 존재하는 잠재적인 재능을 일깨우는 것이 바로 자기계발이다.

어니스트 헤밍웨이Ernest Hemingway는 "남들보다 뛰어나다고 해서 대단한 것이 아니다. 진정으로 대단한 것은 어제의 당신보다 뛰어난 오늘의 당신이 되는 것이다."라고 했다. 자기계발은 남들과의 비교가 중요한 것이 아니라 자신의 과거보다 현재를 더 낫게 만드는 것이다. 그리고 오늘보다 나은 내일을 만드는 것 역시 중요한 일이다.

우리의 잠재능력은 무한하다고 할 수 있다. 그런데 무한한 잠재능력을 개발하지 않으면 재능은 그냥 묻힐 수밖에 없다. 이 얼마나 안타까운 일인가?

한때 자기계발에 대해 부정적인 인식을 가진 사람들이 있었다. 그들은 자기계발을 남들과의 경쟁에서 이기기 위한 수단으로 보았다. 공정한 경쟁이 이루어지지 않고 열심히 노력해도 바뀌는 것이 없는 상황에서 열심히 자기계발을 하라고 하니 부정적인 생각이 들 수도 있다. 그러나 진정한 자기계발은 경쟁이나 성공을 위한 것이 아니라 자신을 성장시키기 위한 것이라 할 수 있다. 이는 최근 업글 인간이라는 트렌드를 통해서도 알 수 있다.

지금은 대부분의 사람들이 자기계발에 열중이다. 그러나 작심삼일(作心三日)이라는 말이 있듯이 어떤 일을 지속적으로 할 수 있는 사람은 많지 않다. 자기계발은 기본적으로 자신과의 싸움이다.

자기계발을 위해서는 무엇보다 자기관리가 철저하게 이루어져야한다. 자신을 잘 관리할 수 없으면 자기계발도 무용지물이 될 것이 뻔하다. 우리 주변에는 수없이 많은 유혹이 존재한다. 자기계발을 꾸준히 하기 위해서는 어떤 것에도 절대 흔들리지 않는 독한 마음을 가져야 한다. 그리고 자기계발을 충실히 하기 위해서는 자신의 의지가 무엇보다 중요하다.

그러나 자신의 의지대로 원하는 일을 할 수 있는 사람은 많지 않다. 예를 들어 흡연가들이 금연하겠다고 말하지만 실제로 담배를 끊는 사람은 많지 않다. 그만큼 나쁜 습관을 고치는 것은 어려운 일이다. 그렇다면 어떻게 해야 할까? 무엇보다 중요한 것은 자기계발에 적합한 환경을 만드는 것이다. 건강을 위해 헬스클럽에 다녀야 한다면 1년 동안의 비용을 미리 지불하여 돈이 아까워서 갈 수밖에 없는 환경을 만드는 것이다. 거리나 시간상 헬스클럽에 다니기 어렵다면 집 안에 큰돈을 들여서라도 운동기구를 마련해 둔다. 그렇게 되면 아무래도 운동을 할 수밖에 없는 상황이 될 것이다.

미국인들에게 가장 존경받는 자기계발의 선구자이자 100달러 지폐의 초상화 주인공인 벤저민 프랭클린Benjamin Franklin에 대해 알아보자.

프랭클린은 가난한 집안에서 태어나 정규학교를 2년도 채 다니지 못하였다. 그러나 각고의 노력 끝에 정치인, 사업가, 과학자, 저술가, 음악가, 발명가, 시민운동가, 외교관 등 수많은 일을 하면서 위대한 업적을 남겼다. 그는 인생에서 어느 정도 성공하여 돈과 명예를 얻게 되었지만 그것이 인격과는 별 관계가 없다는 것을 깨달았다. 그래서 완벽한 인격자로 거듭날 수 있도록 새로운 목표를 세우기로 결심했다. 그는 인간으로서 필요한 13가지 덕목Thirteen Virtues을 만들어 매일 실천하였다. (그 덕목은 절제, 침묵, 질서, 결단, 절약, 근면, 진실, 정의, 중용, 청결, 침착, 순결, 겸손이다.) 13가지 덕목을 실천하지 못한 날은 철저히 분석하여 반성하기도 하였다. 그리고 이 덕목들을 실천하기 위해 시간계획을 구체적으로 세우고 나아가 철저한 자기관리를 하기로 결심하였다. 그의 시간관리 프로그램인 다이어리는 제품으로 나올 만큼 완벽하여 자기계발에 필요한 성공지침으로 많이 알려져 있다.

이처럼 그는 완벽한 인격자가 되기 위해 평생 자신을 관리하고 계발함으로써 역사에 길이 남을 많은 업적을 이루어낼 수 있었다. 만약 그가 철저하게 자신을 관리하고 계발하지 않았더라면 많은 사람들의 존경을 얻는 것도 불가능하였을 것이다.

세상에 위대한 업적을 남긴 사람들은 모두 철저한 자기관리와 자기계발을 통해 성장하였고 이 세상을 더 살기 좋게 만들었다는 공통점이 있다. 나는 자기계발의 목표는 자신의 성장에 머무는 것이 아니라 사회에 조금이라도 기여할 수 있어야 한다고 생각한다. 자기계발을 통해 자신을 성장시키더라도 사회에 기여할 수 없다면 진정한 의미의 자기계발이라 볼 수 없다.

나도 많은 분야에서 자기계발을 해왔다. 영어, 일어와 중국어도 최고의 급수를 받았고 석사학위 2개와 박사학위까지 받았으며 논문도 20편을 발표하였다. 그동안 누구보다 열심히 자기계발을 해왔지만 진정한 인격자로서 나 자신을 계발하지는 못하였다는 생각이 든다. 더욱이 사회를 위해 기여하지 못하였다는 점에서 아쉬움이 남는다. 앞으로는 지금까지 이루지 못한 부분을 채우기 위한 자기계발에 더욱 노력할 예정이다. 아울러 나의 잠재능력이 어느 정도인지 시험해보고 싶다. 잠재능력을 잘 개발하면 무슨 일이든 할 수 있을 것 같다. 물론 여러분도 여러분의 무한한 가능성을 믿기 바란다. 우리 모두 노력하면 원하는 것을 이루고 성장해 나갈 수 있다고 믿는다. 여러분의 성장을 진정으로 바란다.

PART 9

시간

누구에게나 시간은 유한하다

대부분의 사람들이 시간의 부족함을 느낀다. 이런 소중한 시간을 어떻게 보내는가에 따라 인생이 달라진다. 시간은 우리를 기다려주지 않는다. 지금 이순간에도 시간은 흐르고 있다. 시간은 돈보다 더 귀한 자원이며 우리 모두 시간의 소중함을 알아야 한다. 시간 약속을 잘 지키는 것은 누구에게나 중요하다. 시간 약속을 철저하게 지키는 사람은 다른 사람들로부터 신뢰를 얻을 수 있다.

시간에는 두 가지가 있다. 첫번째는 크로노스이고 두번째는 카이로스다. 크로노스는 시계가 나타내는 물리적인 시간을 가리키고 카이로스는 우리가 느끼는 주관적인 시간을 의미한다. 따라서 카이로스는 시간의 길이가 짧더라도 길게 느껴질 수 있다. 인생은 크로노스의 시간보다는 카이로스의 시간이 되어야 한다. 그래야 인생을 의미 있게 살 수 있다.

아무리 바쁘더라도 자신만의 시간을 가져야 한다. 매일 바쁘게만 지내면 인생을 제대로 살고 있는지 알 수 없다. 자신만의 시간을 갖고 내면과의 대화를 통해 자신이 누구인지 깨달아야 한다.

#1 _ 소중한 시간

시간은 누구에게나 소중하다. 단지 그 소중함을 깨닫지 못할 뿐이다. 시간의 소중함을 깨달을 때 비로소 삶이 충만해질 수 있다. 그러나 사람들은 이런 사실을 알면서도 시간을 소중하게 여기지 않는다. 돈은 누구나 공평하게 갖고 있지 않지만 시간은 누구에게나 똑같이 하루 24시간이 있다. 시간보다 돈이 중요하다고 생각하는 사람도 있다. 과연 그럴까? 나는 절대 그렇지 않다고 생각한다. 부자들을 보면 알 수 있다. 부자들은 대부분 돈보다 시간을 중요하게 여긴다. 그래서 자신의 시간을 아끼기 위해 돈을 주고 다른 사람의 시간을 쓰기도 한다. 하지만 가난한 사람들은 시간보다 돈을 더 중시한다. 부자들이 시간을 더 중시하는 이유는 돈은 언제든지 마음만 먹으면 벌 수 있지만 시간은 한정되어 있어 돈을 주고도 살 수 없기 때문이다.

누구나 똑같은 시간이 주어지지만 보다 가치 있는 일을 하며 시간을 보내는 사람이 있는가 하면 많은 시간을 그냥 흘려 보내는 사람도 있다. 시간을 어떤 식으로 활용하는가에 따라 시간은 우리에게 많은 보상을 해줄 수도 있고 그렇지 않을 수도 있다. 시간을 잘 보내는 사람은 그 시간이 자신에게 얼마나 소중한지 잘 알고 있지만, 시간을 헛되이 보내는 사람은 시간의 가치를 잘 모른다.

이탈리아 시인 단테 Alighieri, Dante 는 "오늘이란 시간은 두 번 다시 오지 않는다. 이를 잊지 말아야 한다."고 하였다. 하지만 우리는 시간을 쓸데없는 일에 낭비한다. 오늘이 다시 올 것처럼 생각하고 오늘을 중요하게 여기지 않는다. 오늘을 잘 보내기 위해서는 가치 있는 일에 시간을 써야 한다. 시간은 너무나 빠르게 흘러가기 때문에 적절한 계획을 세우지 않으면 어떤 식으로든 낭비하게 된다.

위대한 업적을 남긴 사람들은 시간을 소중하게 사용했다. 시간을 어떤 식으로 사용하는가에 따라 미래가 결정된다. 시간을 소중히 여기고 가치 있는 일에 쓴 사람은 미래에 더 나은 위치에 올라서게 된다. 인간이 동물과 다른 점은 인간은 시간을 인식할 수 있다는 것이다. 그래서 시간을 아끼고 소중하게 사용할 수 있지만 동물은 그저 현재를 살아갈 뿐이다. 시간을 아무 의미 없이 보내는 사람의 삶은 동물의 삶과 별 차이가 없을 것이다.

시간이 소중하다는 것을 느끼기 위한 가장 좋은 방법은 죽음을 생각해 보는 것이다. 죽음을 생각하면 인생의 시간이 소중하다는 것을 깨닫게 된다. 만약 내가 죽을 병에 걸려서 얼마 살지 못한다면 과연 시간을 함부로 낭비할 수 있겠는가?

'그대가 헛되이 보낸 오늘은 어제 죽은 이가 그토록 살고 싶어 하던 내일이다.'라는 말이 있다. 인생의 모든 시간을 소중히 여겨야 죽기 전에 후회하지 않는다. 죽음을 앞두고 자신은 인생의 시간을 충실하게 보내며 후회 없는 삶을 살았다고 말할 수 있어야 한다. 시간보다 소중한 것은 없다. 우리가 살아갈 시간은 정해져 있다. 그 누구도 예외일 수 없다. 시간은 절대 우리를 기다려주지 않는다. 지금 이 순간에도 시간은 흐르고 있고 죽음은 점점 우리 곁에 다가오고 있다. 죽음의 시간이 거의 다가온 상황에서 자신이 원하는 일을 미처 못했다면 얼마나 후회가 될지 한번만이라도 생각해 보자. 죽음은 어느 날 갑자기 찾아오기도 한다. 따라서 자신의 시간이 얼마 남지 않았다는 생각으로 매시간 충실하게 살아야 한다.

경영학의 아버지라 불리는 피터 드러커Peter Drucker는 시간관리에 대해 다음 3가지 사항을 강조하였다.

첫째, 시간을 실시간으로 기록하라. 사람들은 시간을 쓰면서도 그 시간을 충실하게 사용하고 있는지 잘 모르는 경우가 많다. 실제로 자신이 쓰는 시간을 잠자는 시간을 제외하고 기록해 보면 생각하지 못했던 낭비된 시간을 발견하게 된다. 본인은 그 일만 했다고 생각하지만 자기도 모르게 하려던 일보다 다른 일에 더 많은 시간을 쓴 경우도 있다. 이런 시간들을 모두 기록하면 낭비하는 시간을 정확하게 알 수 있고, 하는 일에 더욱 몰입해서 시간을 사용하게 된다.

둘째, 시간을 잘 관리하라. 이를 위해 다음 3가지를 스스로에게 물어보아야 한다. "어떤 일을 할 때 그 일을 내가 하지 않아도 되는가?" 이렇게 자문하면 그 일이 얼마나 자신에게 중요한지 알 수 있다. 만약 그 일을 하지 않아도 특별히 문제될 것이 없다면 과감하게 그 일을 하지 말아야만 한다. 다음은 "이 일을 나만큼 잘할 수 있는 사람이 있는가?" 만약 이 일을 나만큼 잘할 수 있는 사람이 있다면 굳이 내가 그 일을 할 필요가 없다. 그 일을 잘할 수 있는 다른 사람에게 맡기면 된다. 그리고 나만 할 수 있는 다른 중요한 일에 시간을 쓰면 된다. 마지막으로 "내가 하는 일 중에 상대에게 도움이 되지 않고 시간만 뺏는 일은 없는가?" 그런 일이 있다면 바로 중단해야 한다.

셋째, 기록과 관리로 확보된 활용 가능한 시간을 통합하라. 자투리시간인 5분, 10분 같은 시간은 어떤 일에 집중하기 어려운 시간이다. 최소 1시간 30분 정도의 시간을 쓸 수 있도록 시간을 통합해야 한다. 그 정도의 시간이 사람들이 어떤 일에 집중하기에 가장 적합한 시간이기 때문이다.

시간은 어떻게 활용하는가에 따라 긴 시간이 될 수도 있고 짧은 시간이 될 수도 있다. 소중한 시간을 효율적이고 효과적으로 사용해야 자신이 원하는 목표를 보다 수월하게 이룰 수 있다. 다시 한번 강조하지만 지나간 시간은 다시 돌아오지 않는다. 시간은 쏜살같이 지나간다는 말이 있듯이 철저하게 관리하지 않으면 시간을 낭비하기 쉽다. 시간의 소중함을 깨닫고 시간을 함부로 쓰지 않는 습관을 들이는 것이 무엇보다 중요하다.

　　　　　시장조사 전문업체인 트렌드모니터는 만 19세
에서 59세까지의 성인남녀 2,000명을 대상으로 개인시간의 활용
에 대한 설문조사를 실시하였다. 조사결과 응답자의 75.1%가 평
소 시간의 부족을 느낀다고 한다. 시간이 부족하다고 느끼는 원
인은 물리적인 시간의 부족(34.1%)보다는 심리적인 시간의 부족
(61.5%)에 기인한 것으로 나타났다. 실제로 직장생활이나 학업에
서의 시간 부족보다는 무엇인가에 쫓기는 기분이 들고 무엇인가
를 해야 한다는 압박감 때문에 심리적으로 시간 부족을 느끼는
것이다. 그리고 시간 부족을 느낀 사람 중 많은 비중(46.2%)의 사
람들이 일이나 공부가 많을 때 심리적으로 시간 부족을 느낀다고
한다. 잡코리아에서 753명의 직장인을 대상으로 한 건강관리 조
사결과를 보더라도 건강관리를 못하는 사람들 중 77.8%가 시간
이 부족해서 운동을 못한다고 대답했다.

우리는 살아가면서 시간에 쫓기는 경우가 많다. 시간이 많다고 하는 사람은 드물어도 시간이 없다고 하는 사람은 많다.

그럼 시간이 부족한 이유는 뭘까? 첫째, 우선순위를 정하는 데 실패했기 때문이다. 많은 일을 한꺼번에 처리해야 할 때 제대로 우선순위가 정해져 있지 않으면 급한 순서대로 할 수밖에 없다. 그런데 우리 생활 속에서 급하고 중요한 일은 그리 많지 않지만, 급하지만 중요하지 않은 일은 많이 있다. 많은 사람들이 급하기는 하지만 중요하지 않은 일을 처리하느라 시간을 빼앗긴다. 예를 들면 급하게 어떤 모임에 참석하는 경우 그 모임이 정말로 중요한 것이라면 참석해야겠지만 사람들 눈치 때문에 어쩔 수 없이 가는 거라면 시간 낭비가 될 수 있다. 이처럼 중요하지 않은 일을 처리하느라 시간이 부족해지는 것이다. 중요하지 않은 일을 줄이면 보다 시간의 여유를 가지고 생활할 수 있다. 인생의 결과는 살아가면서 중요한 일을 얼마나 많이 하였는지에 따라 달라진다. 아무리 급한 일이라도 중요하지 않은 일들을 계속해 나간다면 자신이 바라는 인생을 살 수 없게 된다. 사람의 시간은 유한하다. 만약 시간이 무한하게 주어진다면 어떤 일을 하더라도 관계없을 것이다. 그러나 유한한 시간을 보다 현명하게 활용하려면 중요하지 않은 일을 줄이고 중요한 일로 인생을 채워 나가야만 한다. 그래야 시간 부족에 허덕이지 않고 인생을 보다 가치 있게 살 수 있다.

둘째, 계획을 세우지 않기 때문이다. 시간은 지금 이 순간에도 빠르게 흐르고 있다. 그러나 많은 사람들이 계획을 세우지 않고 일을 두서없이 무작정 진행한다. 그렇게 되면 시간을 효율적으로 사용하기 어려워 시간을 낭비할 수도 있다. 자신이 어떤 식으로 시간을 쓰고 있는지 인식하기 어렵기 때문이다. 시간을 정하고 일을 하면 일을 끝내야 하는 시간을 인식하게 되어 일의 진행속도가 더욱 빨라진다. 이는 파킨슨의 법칙Parkinson's Law처럼 마감시간을 정하고 일을 처리하면 일을 더욱 빨리 처리할 수 있게 되는 이치와 같다. 하루의 일정을 미리 정하고 그 일정대로 실천하면 시간을 보다 효율적이고 효과적으로 사용할 수 있다.

셋째, 일할 때 집중하지 않기 때문이다. 우리는 몰입의 효과를 잘 알고 있다. 어떤 일에 몰입하면 일의 진행속도는 당연히 빨라진다. 그러나 하는 일에 집중하지 않으면 자주 딴 생각을 하거나 엉뚱한 일에 시간을 낭비하게 된다. 일을 할 때는 그 일에만 집중할 수 있도록 주변 환경을 조성해야 한다. 특히 새벽이 일에 집중하기 가장 좋은 시간이다. 새벽에는 조용하고 아무 방해도 없기 때문에 일에 집중할 수 있는 시간이 길어져 일에 대한 성과도 좋아진다.

우리가 일에 집중할 수 없게 하는 대표적인 것이 스마트폰이다. 스마트폰은 자주 메시지, 카톡, 또는 전화가 오기 때문에 일을 하는 데 방해된다. 일을 하는 도중에 전화나 메시지가 오면 일을 잠시 중단할 수밖에 없다. 메시지 확인이나 통화 후에 시간을 확인해 보면 생각보다 많은 시간이 흐른 것을 알 수 있다. 또, 메시지를 확인하거나 전화를 받고 나서 다시 일에 집중하려면 얼마간의 시간이 필요하다. 나도 일하다가 메시지나 전화를 받다 보면 일의 흐름이 깨진다. 그래서 될 수 있으면 스마트폰을 사용하지 않으려고 결심하고 이를 실행하고 있다.

이처럼 시간을 어떻게 활용하는가에 따라 시간의 길이는 모두 다르다. 시간을 소중하게 여기는 사람이라면 어떻게든 시간 활용을 효율적으로 해야 한다.

지금은 시간 부족 사회다. 축적된 정보와 실시간으로 변하는 기술을 소화해 내기 위해 시간에 쫓기고 있다. 앞으로도 시간이 지날수록 정보의 양은 기하급수적으로 늘고 기술은 보다 급진적으로 발전할 것이다. 이런 시대의 변화를 따라가기 위해서는 누구나 더 많은 시간이 필요하고 시간 부족을 더욱 느낄 수밖에 없다. 최근 유행하는 이와 관련된 용어가 타임 푸어Time Poor다. 많은 사람들이 자신을 타임 푸어라고 생각한다. 사회가 고도화될수록 요구하는 기대수준은 높아지고, 그것에 부응하기 위해 더 많은 노력을 기울이게 되어 점점 더 타임 푸어가 될 가능성이 커지고 있다. 게다가 지금 사람들의 실력은 어느 정도 상향평준화가 되어 있어 남들보다 더 뛰어나기 위해서는 어떤 일이든 시간을 더 투자할 수밖에 없다. 따라서 시간은 더욱 부족할 수밖에 없고 앞으로 더욱 소중하고 희귀한 자원이 된다. 결국 시간을 효율적이고 효과적으로 활용하는 것이 성공의 주요 관건이 된다.

최근에는 나의 시간을 줄여주는 것에 대한 과감한 소비가 트렌드로 자리 잡았다. 예를 들면 렌털, 구독, 편의점과 배달앱 이용 등이다. 이런 소비 트렌드는 타임 푸어가 증가하는 한 더욱 강화되고 다양한 분야에서 보다 보편화될 것으로 보인다.

나도 늘 시간이 부족하다고 느끼므로 낭비하는 시간을 줄이려고 노력하고 있다. 여러분도 시간이 부족하다고 느낀다면 자신의 소비 시간에 대해 다시 한번 생각해 볼 필요가 있다. 시간은 유한하다는 사실을 기억하면서 시간의 중요성을 다시 한번 명심하기 바란다.

#3_ 시간 약속

우리는 자주 시간 약속을 한다. 시간 약속은 그 사람이 얼마나 자신의 말에 책임질 수 있는 사람인지를 보여주는 중요한 지표다. 내 주위에도 시간 약속을 잘 지키지 않는 사람들이 있다. 이번 약속에 늦은 사람은 다음 약속에도 늦는 경우가 많다. 그런 사람은 상대에 대한 배려가 부족하다. 누구에게나 시간은 소중하다. 내가 약속 시간에 늦으면 상대방은 소중한 시간을 낭비하게 된다. 하나를 보면 열을 안다는 속담도 있다. 시간 약속을 잘 지키지 않는 사람은 다른 약속도 잘 지키지 않을 가능성이 크다. 기본적으로 자기관리가 철저하지 못하기 때문이다. 시간 약속을 철저하게 지키는 사람은 일단 신뢰가 간다.

모임에서 시간 약속을 하면 정확한 시간에 오는 사람은 소수에 불과하고 대부분 짧게는 몇 분에서 길게는 1시간까지 늦게 온다. 이번에 늦게 온 사람은 다음에도 또다시 늦게 나타난다. 늦게 오는 것이 습관이 된 사람이다. 더욱 문제인 것은 다른 사람들이 늦게 올 것이라고 예상하고 자신도 그에 맞춰 늦게 가게 된다는 것이다. 이렇게 되면 모든 사람이 손해를 본다. '코리안 타임Korean Time'이라는 말이 있다. 약속 시간에 늦게 오는 한국인의 습관을 가리키는 말로 한국전쟁 때 미군이 한국인들이 약속 시간에 늦는 것을 보고 비꼬아서 한 말이다. 안타깝게도 이 말은 아직도 유효한 것 같다.

현대경제연구원에서 약속 시간에 나타나지 않는 노쇼No-show와 관련한 조사를 실시했다. 조사결과 2015년 기준 5대 서비스업종에 대한 노쇼 발생률이 15%에 달했다. 노쇼로 인한 매출 손실은 연간 4조 5천억원이고 고용손실은 10만 8천 명에 달한다고 한다. 이로 인한 간접비용까지 포함하면 피해규모는 대략 8조 2천억원에 이른다고 한다. 노쇼는 업주들에게만 피해를 주는 것이 아니라 소비자도 4명 중에 1명 꼴로 피해를 입는다고 한다. 예를 들면 빈자리가 있어도 서비스를 받지 못하거나 다른 사람의 예약으로 인해 자신은 예약을 하지 못하는 경우다.

선진국일수록 시간 약속을 잘 지키는 반면 후진국일수록 시간 약속을 잘 지키지 않는다. 즉 선진국일수록 서로에 대한 믿음이 있어 신뢰할 수 있는 사회다. 경제적으로 부유하다고 해서 선진국이 되는 것은 아니다. 신뢰라고 하는 사회적 자본이 있을 때 비로소 선진국이라 할 수 있다. 그 나라 사람들이 시간 약속을 얼마나 잘 지키는지를 보면 그 나라가 선진국인지 판단할 수 있다.

데일 카네기Dale Carnegie는 "만약 약속을 어긴다면 상대로부터 도둑질을 한 것이다. 돈을 훔친 것이 아니라 인생이라고 하는 은행에서 시간을 훔친 것이다."라고 했다. 시간은 돈을 주고도 살 수 없다. 시간 약속을 지키지 않아 남의 시간을 뺏는 것은 남의 돈을 뺏는 것보다 더 나쁘다.

가수 보아는 데뷔 후 20년 가까이 한 번도 시간 약속을 어긴 적이 없다고 한다. 그녀는 시간 약속에 늘 철저하고 약속 시간에 너무 일찍 도착하면 상대가 부담스러워할까 봐 기다렸다가 제시간에 나타난다고 한다. 그녀는 어린 나이에 데뷔한 이래 이런 습관을 꾸준히 유지하고 있다. 그런 그녀가 딱 한번 약속을 어긴 적이 있다. 2014년 11월 23일 한 영화의 무대인사에 불참한다는 공지가 떠서 팬들을 놀라게 했다. 그때 보아는 갑자기 아파서 응급실에 실려갔다고 한다. 그러나 다음날인 24일에 그녀는 몸이 아픈데도 예정된 일정을 소화했다고 한다. 그리고 25일에는 23일 약속을 취소한 것에 대해 미안한 마음으로 혼자서 일정에 없던 깜짝 무대인사를 갔다고 한다. 그녀는 시간 약속에 늦는 게 제일 싫다며 약속을 지키는 것은 책임이라고 말했다. 이런 것을 볼 때 그녀는 정말 프로정신이 투철하다는 것을 알 수 있다. 그래서 지금까지 정상의 자리를 유지할 수 있는 것이다.

나는 시간 약속을 잘 지키지 않는 사람과는 어떤 일이든 같이 하려 하지 않는다. 시간 약속을 지키지 않는 사람은 다른 약속도 지키지 않을 가능성이 높고 믿음이 가지 않는다. 물론 나도 어쩔 수 없는 상황에서는 늦을 수 있지만 기본적으로 시간 약속을 잘 지키려 노력한다.

시간 약속을 한 다음에 날짜를 변경하거나 약속 시간에 10분쯤 늦는다고 연락이 오는 경우도 있다. 물론 예기치 않은 상황 때문일 수 있지만 이것도 시간 약속을 지키지 않는 것으로 그 사람에 대한 신뢰를 떨어뜨린다. 시간 약속을 잘 지키기 위해서는 미리 준비하여 최소한 10분 전에 도착한다는 마음으로 출발해야 한다. 초행길이라면 더욱 일찍 출발해야 한다. 버스나 지하철을 잘못 탈 수도 있고 장소를 찾느라 헤맬 수도 있기 때문이다. 시간 약속에 늦게 될까 봐 마음 졸이는 것보다 약속 장소에 미리 도착해서 만나는 사람과 어떤 얘기를 할지 생각해 보는 것이 낫다.

성공한 사람들과 부자들은 대부분 시간 약속에 철저하다. 시간 약속을 철저하게 지켰기 때문에 다른 사람들로부터 신뢰를 얻을 수 있었고 이런 신뢰를 바탕으로 성공하고 부자가 된 것이다.

시간 약속은 사람들과 만날 때만 하는 것이 아니다. 직장인이라면 출근 시간에 늦지 않고, 혹은 학생이라면 강의 시간에 늦지 않고 제시간에 도착하는 것도 시간 약속이다. 이런 시간 약속을 잘 지키면 성실하고 믿을 만한 사람이라는 인식을 심어준다. 그렇게 되면 많은 기회가 찾아올 것이다. 성실하고 믿을 만한 사람이라면 누구나 같이 일하고 싶어하기 때문이다.

여러분도 시간 약속을 잘 지키는 사람을 선호할 것이다. 그렇다면 여러분이 먼저 시간 약속을 철저하게 지키면 어떨까? 그럼 상대방도 시간 약속을 지킬 수밖에 없을 것이다.

#4 _ 크로노스와 카이로스

고대 그리스인들은 시간을 크로노스^{Chronos}와
카이로스^{Kairos}로 구분하였다. 크로노스는 절대적인 시간으로 우
리 모두에게 주어진 하루 24시간의 시간이다. 이 시간은 누구에
게나 똑같은 시간으로, 같은 길이의 시간이다. 그러나 카이로스
는 상대적 시간으로 누구나 같은 시간이 아니라 개인마다 다르게
느끼는 주관적인 시간이다. 누구나 하루에 같은 시간이 주어지지
만 어떤 사람은 하루가 길게 느껴지고 어떤 사람은 하루가 짧게
느껴진다. 괴로울 때는 시간이 길게 느껴지지만 즐거울 때는 시
간이 매우 짧게 느껴진다. 이처럼 사람마다 느끼는 시간의 길이
가 다른 것이 카이로스다. 크로노스의 삶이 일상적으로 주어지
는 수동적인 삶이라면 카이로스의 삶은 자기가 어떻게 하는가에
따라 시간의 길이가 달라지므로 주도적인 삶이라 할 수 있다. 최
선을 다해 살아간다면 짧은 인생이라도 의미와 가치를 느끼며 살

수 있다. 자신의 삶이 의미 있고 소중한 시간이라면 시간이 짧게 느껴질 것이다. 그러나 지루하고 낭비하는 삶이라면 시간이 무척 길게 느껴질 것이다.

〈그림 2〉기회의 신 – 카이로스

인생에서 많은 성과를 내기 위해서는 몰입Flow 상태가 되어야 한다. 몰입 상태에 있을 때 인간은 행복을 느낀다. 또한 몰입 상태일 때 시간이 짧게 느껴진다. 도서관에서 책에 몰입하여 읽고 있다가 돌아갈 시간이 되어 주변을 돌아보니 홀로 남아 있는 적이 한번쯤 있었을 것이다. 집에 돌아갈 때 그날 하루에 대해 보람과 희열을 느끼는데 그때가 진정한 카이로스의 순간이다. 카이로스는 자신의 목표를 향해 나아가는 시간이다. 오래 살았다고 해서 잘 살았다고 할 수는 없다. 세상에 태어난 이유를 깨닫고 세상에 의미 있는 흔적을 남겨야 잘 살았다고 할 수 있다. 그렇게 하려면 인생의 목적과 목표가 분명해야 한다. 인생의 목적은 전략이고 인생의 목표는 전술이라고 볼 수 있다. 인생의 목적과 목표가 분명해야 인생을 의미 있게 살 수 있고, 살아가면서 흔들리지 않고 역경을 헤쳐 나갈 수 있다.

카이로스의 삶은 인생을 의미 있게 만들기 위해 최선을 다하는 것이다. 카이로스의 삶을 살다 간 사람을 소개해 보겠다.

천재화가로 알려진 파블로 피카소 Pablo Ruiz Picasso 는 94세까지 장수하면서 무려 5만 점의 작품을 남겼다. 대략 80년 동안 작품활동을 하였으니 한 달에 50점이 넘는 작품을 만든 것이다. 이것을 보면 그가 얼마나 예술에 푹 빠져 지냈는지 상상할 수 있다. 그의 작품에 대한 진위를 판단하기 위해 관련산업이 생겼을 정도로 그의 영향력은 대단하다. 그에 관한 재미있는 일화가 전해지고 있다.

어느 날 피카소가 파리의 카페에 있을 때 젊은 여인이 다가와서 돈을 지불할 테니 자신을 그려줄 수 있는지 물었다. 몇 분만에 그림을 완성한 피카소는 여인에게 50만 프랑(약 8천만원)이라는 엄청난 액수를 요구하였다. 여인은 불과 몇 분만에 그린 그림이 왜 그렇게 비싸냐고 놀라서 따졌다. 그러자 피카소는 이 그림을 그리기 위해 지난 40년 동안 뼈를 깎는 노력을 기울였다고 했다. 피카소는 시간의 질을 생각하고 그녀는 시간의 양을 생각했던 것이다. 피카소는 거장의 자리에 오르기까지 셀 수 없이 많은 그림을 그렸다가 찢기도 하면서 오랫동안 창작의 고통을 느껴온 것이다.

피카소는 자신의 인생을 의미 있게 만들기 위해 모든 시간을 가치 있게 사용하였다. 인생에서는 시간의 양보다 질이 더 중요하다. 우리의 기억 속에 남아 있는 위인 중에는 요절한 인물들도 많다. 비록 짧은 인생을 살았지만 그들이 인생에서 찾은 의미는 너무나도 큰 가치가 있다. 따라서 그들은 인생의 질적인 면에서는 누구보다도 장수한 사람들이다.

카이로스는 기회를 의미하기도 한다. 누구에게나 기회는 있다. 하지만 기회를 잘 포착하는 사람이 있는가 하면 기회를 놓치는 사람도 있다. 언제 기회가 올지 모르므로 기회를 잘 잡으려면 늘 준비가 되어 있어야 한다. 그리고 그것이 기회인지 잘 파악하고 정확한 타이밍에 붙잡아야 그 기회를 살릴 수 있다. 만약 기회가 왔는데도 알아차리지 못하거나 준비되어 있지 않으면 기회는 사라져 버린다. 지금처럼 세상이 빠르게 변할수록 기회는 더 많이 찾아온다. 기회를 잡으려면 새로운 것을 배우고 도전하는 자세가 필요하다. 자신에게 찾아온 좋은 기회를 놓치면 후회만 남는다.

위기가 기회라는 말처럼 기회는 위기상황에서 오기도 한다. 예를 들면 2019년 일본에서 반도체 관련 원료와 부품에 대한 한국 수출을 제한하는 조치를 취함으로써 한국 반도체 기업들은 위기를 맞게 되었다. 당시에 이로 인한 피해 규모는 걷잡을 수 없을 정도로 커지는 상황이었다. 그러나 한국의 반도체 관련 기업들은 그런 위기를 기회로 삼아 원료와 부품에 대한 자체 개발에 심혈을 기울인 결과 국내에서 원료와 부품을 어느 정도 조달할 수 있게 되었다. 결과적으로 위기를 기회로 살려 자체 기술을 개발하고 수입선을 대체하여 보다 저렴한 가격으로 국내 조달을 할 수 있게 되었다. 그런 위기가 없었다면 우리 기업들은 기술 개발에 전념하지 못했을 것이고 지금도 일본에서 원료와 부품을 수입하고 있었을 것이다. 이는 분명히 위기를 기회로 만든 사례다.

오래 산다고 해서 의미 있는 삶이라고 할 수는 없다. 인생의 길이보다 중요한 것이 인생을 어떻게 살았는가 하는 것이다. 한번 지나간 시간은 영원히 돌이킬 수 없고 지금도 시간은 계속 흘러간다. 대부분의 사람들이 죽을 때가 가까워오면 지나간 인생을 후회한다. 지나간 시간을 후회하지 않는 사람이 현명한 사람이다. 앞으로 후회하지 않는 삶을 위해서라도 여러분의 인생이 크로노스의 삶인지 아니면 카이로스의 삶인지 점검해 볼 필요가 있다.

#5 _ 혼자만의 시간

정신이 없이 바쁘게 살다 보면 자신만의 시간을 갖기 어렵다. 그러나 바쁠수록 자신만의 시간을 갖는 것이 더욱 중요하다. 이 시대를 살아가는 사람들은 자신만의 시간을 갖고 자신을 돌아볼 수 있는 성찰의 시간이 필요하다. 일상이 빠르게 돌아가다 보면 자신이 지금 제대로 인생을 살고 있는지 모를 수 있다. 결승점에 도달하고 나서야 지금까지 뛰어온 길이 자신의 길이 아니라는 걸 깨달으면 어떻게 되겠는가? 더 큰 문제는 결승점에 도달한 다음 다시 뛸 시간이 없다는 것이다. 그렇게 되면 인생을 잘못 살아온 것에 대해 후회가 생길 수밖에 없다. 누구나 한참 열심히 달려나갈 때는 뒤를 돌아볼 시간이 없다. 그러나 그런 때일수록 자신이 올바른 길로 달려가고 있는지 점검할 시간이 필요하다. 그래서 자신만의 시간이 필요한 것이다. 자신만의 시간이 필요한 또 다른 이유는 자신이 누구인지, 자신이 이 세상에 왜 태어났는지, 자신은 무엇을 위해 살아가야 하는지 등 인생의 보다 근본적인 문제를 생각할 필요가 있기 때문이다. 자신의 내면에 대한 성찰이 있어야 보다 가치 있게 살 수 있다. 또한 과거를 돌아보고 반성할 시간도 필요하다. 자신의 잘못을 반성할 때 보다 나은 삶을 살 수 있다.

세계적인 소셜 네트워크 서비스를 제공하는 링크드인_{Linked in}의 CEO인 제프 와이너_{Jeff Weiner}는 혼자 있는 시간을 강조한 경영자다. 그는 10여 년 전에 다른 경영자로부터 자신만의 시간을 갖는 것의 중요성에 대한 조언을 듣고 그대로 실천했다. 그도 처음에는 경영자가 바쁘게 지내야 일을 제대로 하는 것이라고 생각했다고 한다. 그는 자신만의 시간이 중요한 이유에 대해 이렇게 말했다.

"내 스케줄을 보면 아무 내용 없이 회색으로 칠해져 있는 부분이 있다. 그 부분은 버퍼_{Buffer}로 일부러 시간을 만들어 둔 것이다. 매일 나는 한 시간 반에서 두 시간 정도의 시간을 30분에서 90분단위로 쪼개서 만들어놓는다. 그 시간에 내 주변의 일을 처리하기도 하지만 주로 생각을 한다. 처음에는 이런 시간에 대해 자신을 너무 너그럽게 만드는 것이 아닌가라고 생각했지만 나중에는 이런 시간이 중요하다는 것을 깨닫게 되었다.

버퍼를 만드는 가장 중요한 이유는 숨돌릴 시간을 갖기 위해서다. 자신만의 시간을 갖지 않으면 하루가 내 것이 아니고 내가 컨트롤할 수 없다고 느끼게 된다. 그래서 해결책으로 주기적으로 아무 스케줄도 잡지 않는다. 버퍼 시간을 이용해 더 큰 일을 생각하기도 하고 때로는 그저 걷기도 한다. 무엇을 하든 매일 그 시간을 나를 위해 활용한다. 버퍼는 나에게 최고의 투자이며 가장 중요한 생산성향상 도구다."

제프 와이너는 혼자 있는 시간을 가지면서 자신만의 다양한 일을 할 수 있었고 좀 더 넓은 시각으로 많은 것을 생각할 수 있었다. 바쁠수록 혼자만의 시간을 가지고 다양한 생각을 해보는 것은 충분히 가치 있는 일이다. 매일 아무 생각이 없이 다람쥐 쳇바퀴 돌아가듯 바쁘게 생활한다면 인생에서 기대한 성과를 내기 어렵다. 시간 여유를 가지고 자신에 대해 돌아볼 수 있어야 자신이 지금 제대로 인생을 살아가고 있는지 알 수 있다.

이 시대는 모든 것이 빠르게 돌아가고 매우 복잡하다. 특히 인간관계가 복잡해지면서 인간관계를 잘 맺는 것이 좀처럼 쉽지 않다. 다양한 인간관계 속에서 생활하다 보면 피로와 스트레스가 쌓인다.

구인구직 포탈인 알바몬에서 대학생 951명을 대상으로 인간관계와 관련된 조사를 실시하였다. 그 조사결과를 보면 혼자 있을 때가 누군가와 같이 있을 때보다 더 낫다고 생각한다는 응답자의 비율이 93.9%나 되었다. 그 이유를 보면 1위는 34%로 누군가의 기분이나 감정을 맞춰주는 것이 피곤하여 차라리 혼자만의 시간을 가지는 것이 낫다고 느꼈기 때문이다. 2위는 15.1%로 내 일이나 상태와 기분에 집중하지 못한다고 생각하기 때문이다. 3위는 11.6%로 회비나 선물 등 쓸데없는 비용을 지출하게 되기 때문이다. 4위는 9.2%로 의견이 엇갈려 결정을 내리기 어렵기 때문이고 마지막으로 그 밖의 이유가 30.1%다.

인간관계 때문에 너무 힘들면 혼자 지내는 시간이 꼭 필요하다. 그 시간에 자신과 대화할 수 있고 그동안 살아온 자신의 삶을 반추해 봄으로써 자신에 대한 깨달음을 얻고 자신이 어떤 사람인지 알 수 있다. 오랫동안 혼자 지내다 보면 고독해질 수도 있지만 인생에서 한번쯤은 고독을 느껴볼 필요도 있다. 고독 속에서 삶의 본질에 대해 깨달을 수도 있고 자신이 진정으로 원하는 것이 무엇인지도 알 수 있다. 또한 자신의 내면세계를 탐험할 수도 있다. 고독이 깊을수록 살아가는 가치와 의미를 느낄 수 있고, 깊은 사색에 잠겨 어떤 일에 보다 몰입할 수도 있다. 자신이 스스로 만든 고독은 외로운 것이 아니라 깨달음에 다가갈 수 있는 중요한 통로다. 위대한 업적을 이룬 사람들 중에는 혼자 고독을 즐기던 사람들이 많다. 그들은 혼자 있는 시간을 활용하여 자신이 해야 할 과제를 명확하게 파악하고 그 과제를 실현하기 위한 일에 충실할 수 있었다. 이렇듯 자신의 과제를 정확하게 알고 그 일에 몰두하다 보니 위대한 업적을 남긴 것도 당연하다.

혼자 있을 때 비로소 자신이 진정으로 바라는 일이 무엇인지 알 수 있을 뿐만 아니라 창의적으로 문제를 해결할 수도 있다. 미국의 제42대 대통령 빌 클린턴Bill Clinton은 대통령이 된 후 자는 시간을 줄이면서까지 혼자만의 시간을 보낸 적이 많았다고 한다. 어떤 일에 대해 깊이 생각하기 위해 혼자만의 시간이 절대적으로 필요했던 것이다.

집단에 속해 있으면 안정감과 소속감도 느끼지만 다른 사람의 눈치를 보고 자신의 뜻대로 할 수 없을 때도 많다. 그리고 자신의 정체성을 찾지 못해 자신을 잃어버리기도 한다. 어떤 때는 마음속으로 공허함도 느끼고 오히려 외롭다는 느낌도 든다. 그러나 혼자 있으면 남의 시선에서 자유롭고 남에 대해 신경 쓸 필요도 없다. 그 누구도 나의 인생을 대신해 줄 수 없다. 인생은 어차피 혼자 사는 것이다. 철저하게 혼자가 되어 봐야 진정한 홀로서기를 할 수 있다. 그리고 혼자 있는 시간을 즐길 수 있어야 외로워지지 않는다.

살다 보면 늘 누구와 같이 지낼 수는 없고 혼자 있는 시간이 생긴다. 이런 시간을 유익하게 보내야 자신의 삶을 더욱 성장시킬 수 있다. 그 시간은 누구의 방해나 간섭도 받지 않는 시간이다. 어떻게 활용하는가에 따라 인생의 황금 같은 시간이 될 수도 있다. 혼자 있을 때 자신이 누구인지 발견할 수 있고 자신에게 중요한 것이 무엇인지 알 수 있다.

여러분은 혼자 있기를 좋아하는가? 그렇다면 자신을 돌아보고 내면과 대화하면서 앞으로 자신의 인생을 어떤 식으로 살아갈지에 대해 생각해 보기 바란다.

PART 10

취미

사람은 기계가 아니기 때문에
일만하면서 살 수 없다

일을 하면서 적당한 취미를 가져야 일도 더 효과적으로 할 수 있다. 최근 직장에서 주 52시간 근무가 의무화되면서 일과 삶의 균형이 중요한 이슈로 떠오르고 있다. 과거보다 취미를 가지려는 사람들도 늘고 있다. 특히 취미를 직업으로 만드는 하비프러너가 인기를 얻고 있다. 하비프러너는 자신이 좋아하는 취미를 직업으로 삼기 때문에 열정적으로 일할 수 있다. 취미가 직업이 되면 어려운 점도 있겠지만 그래도 자신이 좋아하는 일을 할 수 있다는 것은 행운이다. 아울러 하비슈머도 점점 늘고 있다. 하비슈머는 자신의 취미에 적극적으로 돈을 쓰는 사람을 말한다. 하비슈머는 자신의 의미 있는 삶을 소중하게 여기므로 자신을 위한 투자에 돈을 아끼지 않는

다. 최근 추세를 보면 나이에 상관없이 취미를 즐긴다. 즉 중·
장년층도 젊은 층과 같은 취미를 즐기고 젊은 층도 중·장년층
의 취미를 즐긴다.

노후가 되면 누구나 은퇴를 하기 때문에 시간적 여유가 많
이 생긴다. 따라서 노후가 되면 취미활동을 해야 여생을 즐겁
게 보낼 수 있다. 좋은 취미활동은 좋은 친구와 같다.

#1_ 취미의 필요성

누구나 일만 하면서 살 수는 없다. 사람은 기계와 다르기 때문에 일 이외의 다른 취미를 갖고 적당한 여가생활을 해야 한다. 사람은 누구나 행복해지기를 원한다. 인생의 목표는 결국 행복이라 할 수 있다. 일은 목적이 아닌 수단인데 수단을 위해서 산다면 인생의 방향이 옳다고 볼 수 없다. 기성세대는 일을 열심히 하지 않으면 먹고사는 것이 녹록하지 않았기 때문에 취미생활을 하기 어려웠다. 그러나 지금은 시대가 많이 바뀌어 삶의 질적인 측면이 무엇보다 중요해졌다. 앞에서 언급한 매슬로의 인간의 욕구에서 이미 보았듯이 1단계와 2단계의 기본생활에 대한 욕구가 충족되면 다른 욕구가 생긴다. 지금 한국인의 생활수준을 고려하면 누구나 취미가 필요한 시대로 이미 진입하였다.

취미활동이 우리 삶에 많은 도움을 준다는 것은 이미 밝혀진 사실이다. 몸으로 움직이는 취미활동은 우리 몸에 많은 산소를 공급하기 때문에 심장과 폐의 건강에 이로울 뿐만 아니라 혈관도 건강하게 만든다. 그리고 사람들과 함께 취미활동을 하면서 일상에서의 스트레스를 풀 수도 있다. 예술적 취미활동은 뇌에도 좋은 영향을 미친다. 두뇌에 좋은 알파파를 증가시켜 뇌 손상을 줄이고 치매 예방에 도움이 된다.

취미로 어떤 활동을 하고 있는지에 대한 조사결과도 있다. 2019년 구인구직전문업체인 벼룩시장에서 직장인 860명을 대상으로 설문조사를 진행하였다. 그 결과를 보면 직장인의 73.3%가 현재 취미활동을 하고 있다고 한다. 구체적인 조사내용을 보면 남성(51%)보다는 여성(70.7%)이 취미활동에 더 적극적이며 기혼자(71.6%)보다는 미혼자(74.6%)가 취미활동을 많이 하는 것으로 나타났다.

취미활동으로 가장 많이 하는 활동은 영화/공연/스포츠 관람으로 37.8%(복수 응답)다. 2위는 스포츠(헬스, 요가, 등산) 활동으로 28.3%로 나타났으며 공동 3위는 여행과 독서로 모두 19%다. 5위는 음악(듣기, 보컬, 악기)으로 15.9%이며 6위는 게임으로 13.7%다. 연령별로는 20대는 게임이 가장 높았으며 30, 40, 50대는 운동, 여행, 독서를 취미로 즐긴다고 한다. 취미활동 시간은 하루에 1-2시간 사이가 41%로 가장 많았으며 취미활동 기간은 5년 이상이 30.8%로 가장 높게 나왔다. 마지막으로 취미활동에 쓰는 비용은

약 10만 6천원 정도다.

이처럼 많은 직장인들이 열성적으로 취미활동을 하고 있다. 이제 취미는 선택이 아니라 필수가 되었다. 취미는 인생에서 자신의 가치를 발견할 수 있는 중요한 활동이며 반복되는 일상에서 탈출할 수 있는 중요한 수단이다. 매일 똑같이 반복되는 일을 계속하다 보면 무력감을 느끼게 된다. 그러나 취미활동을 하는 동안 자신만의 온전한 시간을 가질 수 있고 지친 몸을 재충전할 수 있다. 머릿속의 복잡한 일과를 잠시 잊고 취미활동에 몰두하여 원하는 것을 이루는 성취감을 느낄 수 있다. 취미활동을 하는 동안 내면세계에 안정과 평화를 가져다주기도 한다.

서울대병원 정신건강의학과 윤대현 교수는 취미의 필요성에 대해 다음과 같이 설명한다. 우리의 뇌에는 '일하는 회로'와 '노는 회로'가 있다. 그런데 일하는 회로만 가동되면 두 회로가 서로 협력할 수 없는 관계가 되어 경쟁만 하게 된다. 그래서 일을 계속하게 되고 나중에는 정신적으로나 육체적으로 무력해지는 번아웃Burnout 증후군을 겪게 된다. 그러다가 어느 날 놀려고 하면 왠지 모르게 불안한 느낌을 갖게 되어 결국 제대로 놀지 못하게 된다. 이런 일을 막으려면 평소에 노는 연습과 훈련을 통해 노는 능력을 키워야 한다. 그래야 잠시 동안의 휴식으로도 재충전이 된다. 윤 교수가 언급한 노는 것의 의미는 그냥 쉰다는 것이 아니다. 아무 목적 없이 어떤 활동에 몰입하거나 즐기는 능동적 상태를 말한다. 즉 취미활동을 하는 것이다. 뇌의 노는 회로가 발달해야 창조적 사고와 공감능력이 발달되고 일도 더 잘할 수 있다.

놀지 않고 일만 하는 사람이 일을 더 잘하는 것도 아니다. 일할 때는 열심히 일하고 놀 때는 확실히 노는 사람이 더 생산성이 높다. 지금은 무조건 열심히 한다고 해서 일에 성과를 낼 수 있는 시대가 아니다. 매일 일로 찌든 상태라면 창의력을 발휘할 수 없을 뿐만 아니라 몸도 지칠 뿐이다. 아무리 바쁘더라도 적절한 시간을 내어 취미활동을 하는 것이 반드시 필요하다. 적극적으로 취미활동을 즐기는 사람은 그렇지 않은 사람에 비해 자신에게 주어진 시간을 더욱 소중하게 여긴다고 한다. 취미활동을 함으로써 시간을 더욱 가치 있게 쓴다고 볼 수 있다.

취미활동을 하다 보면 자신의 가능성을 발견할 수 있고 자아실현을 이룰 수도 있다. 취미활동을 통해 자신의 잠재된 능력을 발견할 수 있고, 나아가 취미활동이 직업으로 이어지기도 한다. 또한 취미활동은 인생에서 다양한 경험을 할 수 있는 기회이기도 하다. 이렇듯 취미활동은 인생에서 반드시 필요한 부분이다.

취미활동을 통해 많은 사람들과 교류할 기회를 가질 수도 있다. 같은 취미를 가진 사람들이 모임을 만들어 활동하면 이해관계와 상관없이 사람들과 즐겁게 지내며 다양한 인적 네트워크를 형성할 수 있어 취미 외의 다양한 정보도 나눌 수 있다. 나도 예전에 토스트 마스터즈Toast Masters라는 영어스피치 동아리에 15년 이상 주요 멤버로 참석하여 다양한 사람들과 어울리며 진정한 친구도 사귈 수 있었다. 물론 그 모임을 통해 동아리의 기본 목적인 영어 스피치 능력과 리더십을 키울 수 있었다.

또한 최근에는 일에만 빠지지 않도록 매일 독서와 운동을 병행하고 있다. 독서와 운동을 함으로써 정신적으로나 육체적으로 건강을 유지하고 일상생활에서의 스트레스도 줄이고 있다. 만약 여러분이 아직 취미가 없다면 취미를 꼭 가져보기를 권한다. 일만 하다가 가기엔 인생이 너무 아깝지 않은가.

#2 _ 인생과 취미

　　　　　사람마다 다양한 취향과 성향을 가지고 있다. 자신에게 잘 맞는 취미를 선택해야 취미활동도 지속적으로 이어갈 수 있다. 취미도 잘못 선택하면 작심삼일이 될 수 있다. 나에게 맞는 취미를 가지려면 자신이 좋아하거나 관심이 있는 분야를 선택해야 한다. 취미는 돈을 버는 일이 아니기 때문에 굳이 잘하는 일을 취미로 가질 필요는 없다. 재미있고 즐거운 취미라면 몰입해서 빠져들 수 있고 행복감을 느낄 수 있다.

　최근 직장에서 연봉보다는 시간을 더 중시하는 사람들이 증가하고 있다. 이에 따라 취미활동에 대한 관심도 높아지고 있다. 그러나 여러 가지 이유로 취미활동을 제대로 즐기지 못하는 경우도 있다.

　최근 소비자 시장조사 전문업체인 엠브레인 트렌드모니터가 전국의 성인남녀(19세-59세) 1,000명을 대상으로 취미활동에 관한 설문조사를 하였다.

　조사결과를 보면 연봉을 조금 포기하더라도 자신만의 시간을 갖기를 원하는 비율이 그렇지 않은 비율보다 더 높은 것으로 나타났다. 내용을 좀 더 자세히 살펴보면 '매우 그렇다'가 18%이고 '약간 그렇다'가 41.8%로 60% 가까이가 연봉보다는 자신의 시간을 더 중요하게 여겼다.

　특히 20대에서 그 비율이 68.8%이며 30대에서는 66.4%로 젊은 층에서 이런 현상이 더욱 두드러졌다. 만약 더 많은 시간적 여유가 생기면 취미활동을 하고 싶다는 응답은 48.8%였다. 그리고 10명 중 6명(58.6%)은 취미활동을 위해 돈을 투자하는 것이 아깝지 않다는 생각을 가지고 있었다. 특히 젊은 층일수록 취미활동에 투자를 아끼지 않으려는 태도(20대 65.6%, 30대 62.4%, 40대 50.4%, 50대 56%)가 높게 나타났다. 그러나 현실적으로 취미를 즐기기 어려운 이유도 있는 것으로 조사되었다. 취미활동을 즐기기 어려운 이유를 보면 첫째, 경제적 이유가 69.8%(중복 응답)로 가장 컸고, 2위는 시간이 부족하기 때문이 61%로 나타났다. 3위는 의지가 부족해서가 37.8%이고 4위는 마땅히 배울 만한 곳이 없어서가 19.7%로 조사되었다.

　이처럼 많은 사람들이 돈보다는 시간을 더 중시하고 여유시간을 활용해 취미활동을 하려는 것으로 나타났다. 또한 적지 않은 사람들이 돈과 시간이 부족해서 취미활동을 즐기지 못하는 것으로 보인다. 그러나 아무리 돈이 없고 바쁘더라도 취미활동을 통해 삶의 균형을 이루는 것이 정신적으로나 신체적으로 중요하다. 삶에서 일은 반드시 필요한 부분이지만, 지금은 취미도 마찬가지다. 취미가 없는 삶은 사막처럼 황량하다. 삶에서 작지만 확실한 행복을 느끼기 위해서는 취미가 꼭 필요하다.

어느 설문조사에 의하면 밀레니얼 세대(1980년-2000년 초반에 태어난 사람들)는 다른 세대에 비해 돈을 많이 버는 것보다 좋아하는 일과 취미활동을 즐기며 생활하는 것이 인생의 성공이라고 생각한다. 그들은 과거 세대처럼 돈을 가장 중요하게 생각하지 않고, 자신이 좋아하는 일과 취미를 즐길 때 행복하다고 느낀다. 돈을 많이 벌더라도 자신만의 시간을 가질 수 없다면 결코 성공적인 삶이라고 여기지 않는다. 그들의 생각이 보다 현실적일 수도 있다. 돈으로 시간을 살 수는 없다. 돈을 버느라 자신만의 시간을 가질 수 없다면 돈이 무슨 소용이 있겠는가? 그들은 다른 누구를 위해 살기보다는 자신의 삶을 즐기기 위해 산다. 요즘 '소확행'이라는 말이 유행하고 있다. 취미야말로 소소하지만 확실하게 행복을 얻을 수 있는 '소확행'의 주요 수단이다.

일만 하면서 인생을 행복하게 살 수 있을까? 대부분의 사람들은 그렇지 않을 것이다. 오로지 일만 해야 한다고 생각하면 마음이 우울하고 황폐해지며 스트레스가 늘 수밖에 없다. 이런 황폐하고 무기력한 삶을 막아줄 수 있는 것이 바로 취미활동이다. 취미활동을 하면 인생에 활력이 생기고 마음도 가벼워진다. 삶에 대한 태도도 보다 긍정적으로 바뀔 수 있다. 이런 긍정적인 태도는 일을 보다 적극적으로 할 수 있게 만들어 삶이 더욱 나아지고 사람들과의 관계도 좋아진다.

행복한 인생을 위해서도 취미활동이 필요하다. 취미활동을 하는 사람이 취미활동을 하지 않는 사람보다 불행해지지 않을 확률이 훨씬 더 높다는 연구결과도 있다. 다시 말해서 취미활동을 하는 사람이 그렇지 않은 사람보다 더 행복하다.

취미활동을 함으로써 인생이 더욱 풍요로워지고 보람과 가치도 느끼게 된다. 취미활동을 통해 새로운 관심분야에 대해 알아가는 재미는 인생의 즐거움이 된다. 인생에 대한 만족감을 느끼지 못하는 사람들일수록 취미활동이 필요하다.

2019년 말 잡코리아와 알바몬에서 '올해 나를 빛낸 일'에 대한 설문조사를 실시하였다. 올해 자신이 가장 잘한 일과 만족하는 일이 무엇인가에 대한 모바일 설문조사로 성인남녀 3,421명을 대상으로 하였다. 그 결과를 보면 취미/특기를 만든 일이 1위로 나타났으며 복수 선택 응답률로 18.6%이다. 2위는 연애로 15.1%이고, 3위는 자격증 취득으로 14.8%다. 4위는 해외여행으로 14.1%,

5위는 체중감량으로 13.9%다. 6, 7위는 독서, 가치소비로 각각 12.9%와 11.3%로 나타났다.

취미/특기를 만든 일이 1위를 차지한 것은 기업들이 본격적으로 주 52시간 및 탄력 근무제를 실시하면서 자신의 삶에 대한 만족추구를 위해 취미를 찾으려는 수요가 늘어났기 때문으로 풀이된다. 그리고 취미/특기를 만든 일을 올해 나를 빛낸 일로 꼽은 연령층은 20대가 21.5%로 가장 높았고 30대가 13.7%, 40대가 10.7%로 나타났다.

이처럼 특히 젊은 층에서 취미활동을 즐기려는 사람들이 많은 것을 알 수 있다. 최근 젊은 세대가 자신의 취미활동 사진을 SNS에 자주 올리는 것만 봐도 그들이 얼마나 취미활동에 적극적인지 알 수 있다.

사실 젊은 층뿐 아니라 모든 세대가 취미활동에 대한 갈증이 높아졌다. 과거보다 근무시간이 줄어 시간적 여유가 생김에 따라 취미활동을 즐기고자 하는 욕구가 증가한 것이다. 특히 누구나 다 즐기는 취미가 아니라 남들과 다른 색다른 취미를 찾는 사람들도 많다. 자신의 취향과 개성을 살려 남의 시선에 구애 받지 않고 취미를 즐기려는 의도로 보인다. 또한 보다 다양한 취미를 즐기고 싶어하는 사람들도 늘고 있다. 주기적으로 새로운 취미를 배움으로써 다양한 경험을 해보고 싶어하는 것이다.

취미활동에 대한 욕구는 지속적으로 늘어날 수밖에 없다. 이제 인생에서 취미활동은 선택이 아닌 필수가 되었다. 여러분은 어떤 취미가 있는지 궁금하다.

#3 _ 하비프러너

최근 하비프러너Hobby-preneur라는 말이 유행하고 있다. 하비프러너는 취미를 직업으로 삼아 창업하는 사람을 말한다. 즉 취미가 직업으로 발전된 경우다. 요즘 사람들은 자신이 좋아하는 일을 하고 싶어한다. 평생직장이 무너진 현실을 감안하면 어렵게 취업하더라도 평생 그 직장을 다닐 것이라고 생각하는 사람은 드물다. 그럴 바에는 자신이 좋아하는 일을 찾는 것이 어떻게 보면 당연하다고 할 수 있다. 취미를 갖는 것이 자신이 좋아하는 일을 찾기 위한 사전 과정이 될 수도 있다. '요차불피(樂此不疲)'라는 말이 있다. 자신이 좋아하는 일을 하면 아무리 열심히 해도 피곤한지 모른다는 뜻이다. 자신이 좋아하는 취미를 직업으로 삼을 수 있다는 것은 큰 축복이다. 과거에는 취미는 그저 즐기기 위한 수단에 불과하였고 취미로 돈을 벌 수 있는 기회는 별로 없었다. 그러나 지금은 스마트폰이 널리 보급되면서 SNS, 블로그, 유튜브로 자신과 제품을 알리고 판매할 수 있는 기회가 많아져 취미를 직업으로 삼기가 훨씬 수월해졌다.

취미활동을 통해 새로운 일에 관심을 갖고 직접 도전해봄으로써 그 일이 나에게 맞는지, 오래 좋아할 수 있는 일인지 알 수 있다. 취미로 어떤 일에 도전해 본다면 새로운 직업에 도전하는 것보다 부담이 적고 자신과 맞지 않을 때는 언제든지 바로 그만둘 수도 있다. 그래서 많은 사람들이 취미활동에 더욱 적극적으로 뛰어드는지도 모른다. 자신이 좋아하는 취미를 찾고 그 일을 직업으로 삼을 수 있다면 정말 행복할 것이다. 물론 취미일 때와 직업일 때 같은 느낌일 수는 없겠지만 그래도 좋아하는 일을 할 수 있다면 행복할 것이다.

그래서 많은 사람들이 하비프러너에 관심이 있다. 하비프러너의 삶은 요즘 트렌드와 잘 맞는다. 기업도 AI의 발전에 따라 고용의 필요성이 점차 줄어들 수밖에 없고, 정규직과 같은 고용 형태보다는 프리랜서를 선호하기 때문에 미래에도 취업은 만만치 않을 것이다. 그렇다면 개인들도 취업보다는 창업이 더 나은 대안이 될 수 있다.

대표적인 하비프러너로 김한균 씨를 들 수 있다. 그는 어릴 때부터 까무잡잡한 피부 때문에 화장품에 관심이 많았다. 그래서 취미로 많은 화장품을 직접 써보고 남성 화장품에 대한 블로그를 개설하여 뷰티블로거로 활동하기도 했다. 또 대기업 화장품회사에서 근무하기도 하고 직접 화장품가게에서 판매하는 아르바이트를 하기도 하였다. 김한균 씨는 어린 나이에 본격적으로 남성 화장품 사업에 뛰어들었지만 처음에는 실패했다. 10년 전만해도 남성이 화장한다는 것에 대해 이미지가 좋지 않았기 때문이다. 그러다가 결혼하고 나서 아이가 아토피 피부로 고생하면서 기회가 찾아왔다. 천연재료를 사용하여 오일을 만든 것이 주부들 사이에서 대박을 터뜨린 것이다. 그는 성공에 대한 확신을 갖고 회사를 나와 다시 화장품 사업을 시작했다. 사업은 성공을 거듭하여 그는 여러 브랜드를 출시하였고 1천억원의 매출을 올리는 코스토리라는 회사의 CEO가 되었다.

이처럼 김한균씨는 취미로 즐기던 일에 전념하여 하비프러너로서 큰 성공을 거두었다.

이유빈이 쓴 〈취미야 고마워〉라는 책을 보면 하비프러너 창업이 인기를 끄는 건 돈을 벌면서 자아실현을 할 수 있기 때문이라고 한다. 아무리 어려운 일이 있어도 이를 통해 얻는 경험이 자신의 것이 된다고 생각하니 강한 열정으로 이겨낼 수 있다는 것이다. 앞으로 하비프러너는 더욱 인기를 끌 것이다. 좋아하는 일을 하면서 돈을 버는 것은 인생을 가장 행복하게 살 수 있는 길이기 때문이다.

레저경영연구소의 최석호 소장은 최근 사람들이 즐기는 취미와 여가에 대해 다음과 같이 얘기했다.

"우리 사회가 급격하게 변동하고 있습니다. 과거에는 취미나 여가활동이 단순한 놀이에 불과했는데 이제는 단순한 놀이가 일이 되고 직업이 되고 중요한 산업이 되는 사회입니다. 이전에는 일상적인 여가밖에 없었는데 급격한 변동을 통해 여가는 일상적인 여가와 언제든 직업으로 전환될 수 있는 진지한 여가로 분화되고 있습니다. 이를 통해 전문적 지식, 기량, 경험을 획득하게 되고 그래서 여차하면 일로 옮겨갈 수 있다는 것이지요. 진지한 여가를 통해 사회일원으로서 내가 앞으로 어떻게 살아가야 할 것인가에 대해 미로 찾기를 하는 거지요. 진지한 여가를 하는 동안 내가 누구인지 발견하게 됩니다. 그다음에 내가 누구인지를 사회적으로 전시할 수 있게 되는 거지요. 재현할 수 있는 겁니다. 그것을 통해 사회일원으로서의 나를 발견하게 됩니다. 이것이 진지한 여가에서 얻는 보상 중 가장 큰 부분입니다. 내가 살아가야 할 이유와 사회의 중요한 일원으로서 내 역할을 찾는 게 진지한 여가예요."

자신의 취미를 더욱 발전시키고 전문성을 살려 직업으로 삼으려는 사람은 계속 늘어날 전망이다. 사회에서의 자신의 역할과 정체성을 찾으려는 사람들이 하비프러너가 되려는 것이다.

그럼 하비프러너로서 성공하려면 어떻게 해야 할까? 하비프러너로서 성공하는 데 필요한 3가지 사항에 대해 알아보도록 한다.

첫째, 자신의 분야에 대해 더욱 전문성을 갖기 위해 꾸준한 학습이 필요하다. 확실하게 취미의 수준을 넘어 전문가 수준의 실력을 갖춰야 한다. 그래서 자신만의 영역을 확실하게 구축하고 자신을 브랜드화하면 더욱 좋다. 특히 자신의 분야에서 온리 원이 될 수 있다면 많은 사람들이 나를 찾게 될 것이다.

둘째, 고객의 정확한 니즈에 대한 연구가 필요하다. 고객의 성향에 대해 제대로 파악해야 그들의 니즈를 알 수 있다. 종종 고객도 자신의 니즈를 잘 모르는 경우가 있기 때문에 숨겨진 고객의 니즈를 파악하기 위해 고객이 말하는 내용뿐만 아니라 행동까지도 유심히 관찰할 필요가 있다.

셋째, 자신의 전문성을 사람들에게 알릴 수 있는 마케팅 능력이 필요하다. 아무리 대단한 능력을 가지고 있더라도 그 능력을 보여주지 못한다면 소용이 없다. 따라서 나를 어떻게 하면 사람들에게 잘 알릴 수 있는지에 대한 방법을 연구해야 한다. 최근에는 소셜 미디어가 발달되어 있어 나를 알릴 수 있는 방법이 다양해졌다는 걸 알아두면 좋다.

지금의 시대는 1인 기업이 각광 받고 있다. 특히 앞으로 긱경제 Gig Economy가 더욱 활성화될 것으로 전망되고 있으므로 자신의 취미를 전문분야로 개척할 수 있다면 평생 자신이 좋아하는 일을 하면서 살 수 있다.

여러분은 지금 어떤 취미를 갖고 있는가? 그 취미를 살려 직업으로 만들어보는 것은 어떤지 생각해보기 바란다.

최근 기업에서 주 52시간 근무가 확산됨에 따라 개인이 활용할 수 있는 시간이 늘고 있다. 그에 따라 직장인들 사이에서 '워라밸'Work and Life Balance을 중시하는 풍조가 나타나고 있다. 평생직장의 개념이 사라지면서 회사를 위해 모든 것을 바치던 과거와 달리 젊은 사람들은 일보다는 개인의 삶을 중시하는 경향이 나타나고 있다.

여가시간이 더욱 증가함에 따라 취미활동을 하려는 사람은 더 늘고 있다. 그 결과 취미활동을 위한 소비가 증가하며 취미Hobby와 소비자Consumer를 합성한 용어인 '하비슈머'가 트렌드로 자리 잡았다. 하비슈머는 퇴근 후 좋아하는 취미에 적극적으로 돈을 투자하며 자신만의 삶을 찾으려는 욕구가 강하다. 특히 젊은 사람들일수록 이런 소비에 더욱 적극적으로 나서고 있다. 가격 대비 자신의 마음을 만족시키는 소비, 즉 '가심비'를 느낄 수 있는 제품이나 서비스라면 돈을 쓰는 경향이 두드러진다. 나아가 이제는 가격조차 따지지 않고 자신이 꼭 필요하다고 느끼는 물건이나 서비스라면 자신을 위해 과감하게 소비하는 '나심비'로 진화하고 있다.

미코노미Me + Economy와 홈코노미Home + Economy라는 용어도 인기를 얻고 있다. 미코노미는 자신에게 소비를 집중하여 삶의 만족을 느끼는 현상으로 과거보다 더욱 두드러지게 나타나고 있다. 홈코노미도 집이 단순히 주거공간을 넘어 다양한 여가나 취미활동을 할 수 있는 공간으로 확대되고 있어 집에서 할 수 있는 자신만의 취미활동을 위한 소비도 더욱 늘고 있다.

이와 비슷한 말로 홈루덴스Home + Homo Ludens라는 말이 있다. '호모 루덴스'는 네덜란드의 문화사학자인 요한 하위징아 Johan Huizinga가 주장한 말로 '유희를 즐기는 인간'이라는 뜻이다.

최근 잡코리아와 알바몬이 공동으로 밀레니얼 세대(2030세대) 3,839명을 대상으로 '홈루덴스족'의 현황에 대한 조사를 실시하였다. 응답자의 72.3%는 자신이 집에서 노는 것을 즐기는 홈루덴스족이라 하였다. 이들에게 평상시 집에서 즐기는 취미를 물은 결과는 다음과 같다.

대형 TV나 빔프로젝트를 설치하여 영화를 즐기는 사람이 49.4%(복수 응답)로 1위를 차지하였다. 2위는 홈 게이밍(29.3%), 3

위는 홈카페(27%), 4위는 홈트레이닝(25.4%)이다. 그 밖에도 홈케어, 홈인테리어, 홈캠핑/파티 등도 즐기는 것으로 나타났다.

통계청에서 발표한 자료에 의하면 우리나라 국민이 2018년에 소비한 취미와 관련한 오락문화 지출비용은 67조 2000억원으로 전년도에 비해 4.6% 늘어난 것으로 조사되었다.

이 조사결과들을 보면 과거보다 하비슈머가 늘고 있음을 알 수 있다. 이를 증명하는 다른 조사결과도 있다. 신세계백화점은 2018년 1월부터 11월까지 신세계몰의 매출에 대한 추이를 분석하였다. 그 결과 직장인들의 퇴근시간인 오후 6시대의 매출이 전년도 같은 기간과 비교해 30%나 성장한 것으로 나타났다. 매출이 오른 품목을 살펴보면 취미용품이나 악기에 대한 매출이 전년도와 비교해 17%정도 향상되었고 스포츠용품의 매출도 10% 이상 증가하였다고 한다. 이처럼 직장인들은 취미활동에 아낌없이 돈을 투자하여 더욱 보람 있고 즐거운 삶을 보내고 싶은 경향을 보인다.

최근에는 일하는 시간이 불규칙적인 하비슈머에게 원데이 클래스가 인기를 끌고 있다. 자유롭게 원하는 날에 맞추어 하루만 투자하면 자신이 원하는 취미활동을 비교적 저렴한 비용으로 배울 수 있어 시간이나 비용 면에서 학원보다 부담이 덜하다. 원데이 클래스는 다양한 취미를 짧은 기간에 배울 수 있다는 장점도 있다.

몇 년 전 엠브레인 모니터가 국내의 만 19-59세 성인남녀 1,000명을 대상으로 원데이 클래스에 대한 설문조사를 실시하였다. 조사결과를 보면 원데이 클래스에 대한 기대감이 큰 것으로 나타났다. 원데이 클래스에 참가하는 것이 자신을 위한 투자라고 생각한 응답자가 83.3%, 원데이 클래스가 활성화된다면 취미활동의 확장에 도움이 될 것이라는 응답자가 86.7%로 나타났다. 나아가 향후 원데이 클래스에 대한 수요가 증가할 것이라는 전망에 77.3%가 동의했다.

취미활동을 위한 재료를 정기적으로 집으로 보내주는 서비스도 인기다. 자신이 어떤 취미활동을 해야 할지 모르거나 매번 같은 취미활동으로 지겨움을 느끼는 사람들에게 필요한 서비스다. 자신의 성향에 대해 인터넷에서 간단하게 테스트하면 서비스업체가 성향을 분석하여 맞는 취미상자를 보내주는 방식이다. 플라스틱 모델 제작, 마술세트, 드로잉, 향수 만들기 등의 취미활동을 할 수 있으며 이를 혼자 만들거나 체험한다. 배달된 상자에 무엇이 들어 있는지 몰라 더욱 흥미를 유발한다.

SNS를 통해 취미가 같은 사람들이 모여 한 개인의 집에서 취미활동을 즐기는 취미 공유모임도 활발하게 이루어지고 있다. 처음 만난 사람들끼리 단지 취미가 같다는 공통점으로 서로의 취미에 대한 다양한 경험과 정보를 나눈다. 그들은 공통의 취미로 인해 공감대가 형성되어 금방 친해지고 취미활동을 하면서 느낀 점들에 대해 공감을 나눈다.

취미활동을 위한 소비제품은 나이에 구애 받지 않는 것으로 나타났다. 온라인쇼핑몰 G마켓은 연령별로 선호하는 상품을 선별하여 2019년과 2016년을 비교하여 매출증감률을 분석하였다. 조사결과에 따르면 젊은 사람들이 즐기는 취미활동을 중·장년층(40-60대)도 많이 즐기는 것으로 나타났다. 개인 SNS와 유튜브 콘텐츠 제작을 위해 사용되는 영상촬영용품의 판매량은 3년 전에 비해 81%, 게임용품 판매량은 70% 증가하였다. 스포츠처럼 체력이 필요한 취미에도 연령의 경계가 사라져 서핑보드를 찾는 중·장년층이 3년 전과 비교하여 41% 증가했다. 전동 킥보드는 528%, MTB자전거는 153% 늘어났다. 아울러 청년층(10-30대)은 복고 스타일(레트로)의 취미를 선호하는 것으로 나타났다. 중·장년층의 취미활동으로 대표되는 화폐·우표·주화 등과 같은 수집용품의 매출이 3년 전과 비교해 50% 향상되었다. 그리고 턴테이블(61%)과 함께 오디오/라디오(25%) 매출도 늘었다. 이처럼 모든 연령대에서 다양한 취미를 즐기고 있으며 취미의 종류도 나이와 크게 상관없는 것으로 나타났다.

여가시간이 증가함에 따라 새로운 취미를 가지려는 사람들도 증가할 수밖에 없어 하비슈머는 계속 늘어날 전망이다. 앞으로도 하비슈머는 자신을 위한 소비를 아끼지 않고 삶을 보다 의미 있게 보내려 할 것이다.

자신의 즐거움과 만족을 위해 돈을 쓰는 것은 인간의 본성이다. 그런 점에서 나 역시 하비슈머라 할 수 있다. 아마 여러분도 그럴 것이다.

　　　　　　나이가 들어 은퇴하면 여가시간이 많아진다. 필수적인 활동시간을 제하더라도 하루 10시간 이상의 여가가 있다. 이런 시간을 잘 활용하지 못하면 삶이 무료하고 외롭게 느껴진다. 의미 없는 시간을 보내지 않기 위해서라도 노후의 취미활동은 필수다. 노후에 좋은 취미활동을 갖는 것은 친구를 사귀는 것과 같다. 그러나 막상 은퇴한 다음에 새로운 취미를 갖기는 쉽지 않다. 자산관리가 노후준비의 핵심사항이라고 하지만 비재무적 핵심사항으로 취미가 중요한 부분을 차지한다. 취미는 노후의 건강한 삶을 영위해 나가기 위한 주요 수단이기도 하다. 나이가 들면 정신적으로나 육체적으로 문제가 생기기 쉬운데 취미활동을 하면 이런 부분을 어느 정도 줄일 수 있다.

　5060세대를 위한 취미활동에 대한 책인 〈비바그레이〉를 쓴 홍동수 씨는 자신이 직장생활을 하면서 즐긴 다양한 취미활동을 바탕으로 은퇴 후에 이 책을 쓰게 되었다. 그는 새로운 취미를 배우는 시점에 대해서 다음과 같이 얘기한다.

"취미는 언제부터 하면 좋겠냐고요? 물론 젊어서부터 하면 좋겠지만 젊어서는 그렇게 많은 시간을 낼 수 없지요. 그래서 저는 어떻게 준비를 했냐 하면요. 저는 건설현장에서 일했는데, 주로 고속도로 건설을 많이 했습니다. 서해안고속도로, 영동고속도로, 서울안산고속도로를 건설했지요. 고속도로를 건설할 때는 매우 바쁩니다. 그래서 끝나면 술 한잔 먹고, 모이면 고스톱치고, 접대한다고 접대골프치고, 그다음에 또 여러 가지 잡기를 많이 합니다. 험한 건설현장에서 술로 달래고 그렇지요. 그러다가 현장이 딱 끝나고 나면 내가 만든 고속도로인데 통행료를 내고 가요. 그때 참 씁쓸하더라고요. 그래서 이러면 안되겠다, 현장 하나 할 때마다 새로운 취미활동을 하나씩 하자 결심했어요. 그래서 제가 일한 현장의 개수와 제 취미활동의 수가 비슷합니다. 여러분들도 직장 다닐 때부터 취미활동을 하고 싶으면 일단 가슴을 뛰게 하는 일, 그것을 한번 찾아보십시오. 저는 하늘을 나는 일이 가슴 뛰는 일이었어요. 그래서 경비행기와 패러글라이딩을 배웠어요. 직장 다닐 때부터 하나 하나 준비하세요. 예를 들어 내가 진급할 때마다 뭔가 한 가지를 한다든가, 아니면 부서를 옮길 때마다 새로운 것을 한다든가, 그것이 나중에 자기 재산이 됩니다. 노후에 한번에 하면 하기도 어렵고 체력적으로 안돼요. 직장생활을 할 때, 능력이 될 때, 힘이 있을 때, 하나씩 취미활동을 이루어 나가면 바람직하지 않겠느냐, 이런 생각을 합니다."

취미활동은 은퇴하고 나서 시작하려면 쉽지 않다. 젊을 때 시작해야 한다는 게 그의 말의 요점이다.

지금의 은퇴세대는 대부분 일을 하느라 바쁘게 지낸 탓에 여가생활을 즐길 시간이 없었다. 그러다 보니 남는 시간을 어떻게 보내야 할지 몰라서 대부분의 시간을 TV를 보면서 지내는 사람들이 많다. 한 살이라도 젊을 때부터 취미활동을 해야 늙어서도 그 취미를 즐길 수 있다. 은퇴 후 여가시간을 어떻게 계획하고 보내느냐에 따라 노후의 인생이 달라진다.

은퇴 후 즐길 수 있는 취미활동은 크게 2가지로 나뉜다. 첫째, 가벼운 취미활동이다. 예를 들면 바둑과 산책처럼 누구나 쉽게 할 수 있는 활동이다. 둘째, 진지한 취미활동이다. 이는 자신의 삶을 한 단계 높일 수 있는 것으로 자신이 좋아하는 새로운 일을 위해 교육을 받거나 글을 쓰는 것과 같은 자기계발 활동이다. 한국의 은퇴자들은 취미활동을 하더라도 대부분 가벼운 취미활동에 머문다. 그러나 보다 의미 있고 가치 있는 노후의 취미생활이 되려면 진지한 취미활동을 늘려야 한다. 나이가 들수록 취미활동을 통한 소득창출이 없으면 경제적으로 어려워지고 노후가 경제적으로 안정되지 않으면 다른 활동도 할 수 없기 때문이다. 나아가 자신이 좋아하는 일을 함으로써 자아실현을 할 수 있고 사회에서 어떤 역할을 한다는 자부심도 느낄 수 있다. 노후의 일거리는 삶을 더욱 활기차게 만들어 건강한 노년을 보낼 수 있게 한다.

KDB대우증권 미래설계연구소에서 50세 이상이며 1천만원 이상의 잔고가 있는 고객 980명을 대상으로 설문조사를 실시하였다. 조사결과에 따르면 그동안 살아오면서 가장 후회되는 것으로 평생 가능한 취미를 갖지 못한 것이라고 한다. 통계청에서 2019년 말에 조사한 결과에 따르면 우리나라 19세 이상 국민들의 59.5%는 노후에 취미활동을 즐기고 싶어한다고 한다. 이는 소득창출활동 16.8%보다 훨씬 높은 수치다.

최근 베이비부머(1955년에서 1963년 사이에 태어난 세대)를 중심으로 '뉴 (액티브) 시니어'란 말이 생겨났다. 이들은 기존의 부모세대와 달리 어느 정도 경제적 기반이 있으며 학력도 높은 세대다. 이들은 삶에서 의미나 가치를 찾는 일을 중요하게 여기고 있으며 이에 따라 취미활동에도 다른 세대보다 적극적이다. 그리고 한국방송광고진흥공사의 소비자 분석 자료에 따르면 이들은 취미활동을 위한 소비에도 적극적이어서 3040세대보다 월평균 카드사용액이 훨씬 더 높다고 한다.

은퇴 후 취미활동으로 행복한 노후를 보내는 유병우 전 주일대

사와 아내 조선숙씨의 사례를 살펴보자.

두 사람은 김포에서 생활하면서 서로 얼굴을 볼 시간이 없을 정도로 각자의 취미활동에 빠져 하루하루를 즐겁게 보내고 있다. 일을 그만두기 10년 전부터 즐거운 노후생활을 위해 조금씩 취미 활동을 준비해 왔다고 한다. 외교관이었던 유병우씨는 2004년 일본에서 마지막 근무를 한 뒤 은퇴하였다. 은퇴하기 몇 년 전부터 유병우씨는 목공을, 아내 조선숙씨는 그림을 취미로 선택하여 쉬는 날에는 전문가들을 찾아 다니면서 학습과 수련을 거쳤다. 유병우씨가 목공을 선택한 이유는 집을 수리하려면 목공이 필요하였기 때문이다. 아내인 조선숙씨가 그림을 선택한 이유는 평소 꽃을 좋아하는데 꽃이 지는 것이 아쉬워 그림으로 담고 싶었기 때문이다. 유병우씨는 집안의 식탁, 의자, 서랍, 액자 등을 직접 만들었고, 조선숙씨는 집 안의 여러 곳을 자신이 그린 그림으로 채우고 있다. 또한 유병우씨는 또 하나의 취미로 2005년부터 첼로를 배워 3년의 기초과정을 마쳤다. 그러고 나서 오케스트라 단원이 되었고 나중에는 김포시민오케스트라 단장이 되었다. 유병우씨는 정기적으로 공연을 개최하고 있으며 조선숙씨도 그동안 그린 다양한 그림들을 갤러리에 전시하고 있다. 그들은 예순이 넘어서야 비로소 진짜 인생을 찾았다고 말한다.

이처럼 노후의 취미활동은 삶을 행복하고 윤택하게 만든다. 은퇴를 한 다음부터 정말 자신이 하고 싶어했던 일을 할 수 있는 인생의 황금기가 시작된다. 이런 중요한 시기를 어떻게 무료하게 보낼 수 있겠는가?

나도 노후에 내가 원하는 취미활동을 하며 지내고 싶다. 누구나 마찬가지일 것이다.

에필로그

　　지금까지 인생을 살아가는 데 필요한 것들에 대해 살펴보았다. 사람마다 인생을 살아가는 방식이 다르고, 어느 방식이 더 옳다고 할 수도 없다. 후회하지 않는 인생을 사는 것이 인생에서 가장 큰 바람이면서도 죽기 전에 자신의 인생을 후회하지 않고 잘 살았다고 말할 수 있는 사람은 극히 드물 것이다. 인생에서 중요한 것들은 누구에게나 있지만 막상 살아갈 때는 그것들의 소중함을 모른다. 바쁘게 하루하루를 살아가지만 그래도 최소한 무엇을 위해 바쁜지는 알아야 한다. 중요하지 않은 일을 하느라 바쁘다면 인생을 한번 돌아볼 필요가 있다. 이를 위해 자신만의 시간을 가지고 자신의 내면과 대화할 필요가 있다. 그리고 나서 인생에서 무엇이 중요한지 깨달아야 한다. 그래야 인생을 후회하지 않고 살 수 있다.

　우리가 인생을 살아가는 데 필요한 것들에 대한 나의 생각을 정리하여 이 책에 담았다. 내 생각이 여러분의 생각과 같을 수는 없지만, 인생을 50년 이상 살아온 필자로서 그동안 느끼고 경험하며 학습한 내용을 정리한 것이기에 도움이 될 것이라고 믿는다.

나도 인생을 되돌아보면 많은 후회와 아쉬움이 남는다. 선택의 갈림길에서 더 나은 판단과 선택을 하였더라면 더 좋은 결과가 있었을 것이라는 생각이 든다. 그렇다고 과거의 일을 되돌릴 수는 없으므로 앞으로 남은 인생을 후회하지 않고 살아가기 위해 노력하고 있다. 인간은 미완의 존재인 것 같다. 열심히 노력해도 절대로 완벽한 인생을 살지 못한다. 그래도 그런 노력조차 기울이지 않으면 더욱 미생의 삶이 될지도 모른다.

자신이 바라는 인생이 어떤 것인지는 본인만이 안다. 그리고 그 인생이 최선인지는 아무도 대답해 줄 수 없다. 그러나 적어도 살아가면서 어떤 식으로든 사회에 기여하고 남에게 선한 영향력을 줄 수 있다면 바람직한 인생일 것이다. 나도 그런 인생을 살기 위해 노력하고 있다.

마지막으로 이 책이 출간될 수 있도록 도움을 주신 많은 분들에게 감사의 마음을 전한다.

나의 인생을 리딩하라
– 삶에서 필요한 것들

초판 1쇄 인쇄 2020년 5월 15일
초판 1쇄 발행 2020년 5월 20일

저 자   권영화
펴낸이   김호석
펴낸곳   도서출판 린
편집부   박은주
마케팅   오중환
관리   한미정

주소   경기도 고양시 일산동구 장항동 776-1 로데오메탈릭타워 405호
전화   02) 305-0210
팩스   031) 905-0221
전자우편 dga1023@hanmail.net
홈페이지 www.bookdaega.com

ISBN 979-11-87265-59-7 03320